暢 | 銷 | 經 | 典 | 版

富人不說，卻默默在做的33件事

사소한
차이

延埈赫 著
蕭素菁、張亞薇 譯

創造「微小差異」指南

❶ 先撥出時間，實現微小的差異：

以早晨時間爲最佳。

❷ 選擇眼前看得到的東西閱讀：

什麼內容都可以。

❸ 在心中植入微小差異的種子：

不需要太深奧。

❹ 在身邊找出實踐微小差異的機會：

找不到也沒關係。

❺ 觀察周邊的人有什麼微小的差異：

不需特別挑選優劣。

❻ 在常用的筆記本上記錄今天的微小差異：

可以只寫下簡單的感覺。

❼ 告訴自己，又是成功的一天：

同時對明天的小小成功感到樂觀。

❽ 在一個月內以1～7的方式實踐微小的差異：

偶爾跳過也沒關係。

❾ 試著找出還未實踐的部分：

最好有充裕的時間。

❿ 重讀念過的書，同時觀照自己：

盡情地讚美自己。

CONTENT
目次

推薦序

爲了成爲更理想的自己

阿格力

這本書挑選了許多知名人士的習慣與故事，歸納了三十三個創造出眾成就的關鍵，阿格力認爲串連這本書的主軸就是成爲「更理想的自己」。其中有三件事，我非常認同，並且也改變了我的人生。

興趣是你一輩子的同伴

回想起四年前從台大拿到生技博士並退伍後，毅然決然放棄數個百萬年薪的機會，給自己一年的時間嘗試當全職財經作家，除了熱衷投資以外，我尤爲嚮往這種爲自身熱情而工作的生活。當興趣變成工作，最大的差異是享受挑戰，尤其當面對瓶頸或壓力時，反而激發我去突破的鬥志與樂趣，與其說是工作，更像是在玩一場人生遊戲。例如當市場在追逐主流題材時，我逆勢研究績效優異的生活類股，建立了「生活投資學」這樣的投資策略，最終也廣被市場接受。在這樣的過程中，我不僅在投資上累積財富，也開創了自媒體品牌的可能。假設工作只是爲了錢，那麼將難以帶我們度過低潮與突破自我。

所有的回答都從「是」開始

書中提到一段我非常感同身受，這句話是「先回答『是』，等於爲可能性開啓了一扇門」。這件事情是發生在阿格力 YouTube 頻道的編輯身上。老編原本是阿格力的一個忠實讀者，平常有一搭沒一搭地來問我問題，我也偶爾才回。時間久了，老編自己愈談愈多，我剛好發現老編平常有在玩攝影，抱著姑且一試的想法，問問老編要不要一起經營我的頻道，沒想到一拍即合。在頻道內容與人氣大幅躍進後，我問了老編，當初怎麼就一口答應？他回答：「開始了就會準備好，不是準備好了才開始。」後來我慢慢發現，只要我提出各種天馬行空的點子，他也不會馬上告訴我不行，而是細細推敲提出相關的操略來嘗試。最近老編想要辭掉原本的工作，中年轉換跑道跟我一起經營自媒體領域。從這個故事可以發現，如果我們沒有說「是」的勇氣，那將失去很多人生的可能。

每天走路或跑步三十分鐘

剛開始踏入財經作家領域的時候，我是沒有穩定收入的。這時候無論是心理或是經濟上的壓力其實非常的大，而我也就在這時候養成了定期走路或跑步的習慣。在這個時間裡，我的腦海是完全放空的，讓自己先暫時清空所有思緒，跑完步、洗個澡，重新坐下來思考問題，反而常常得到更多好的點子。當然，走路或跑步這件事情對身體健康也是非常有幫助，畢竟有健康的身體，才有機會享受賺來的財富，不是嗎？

看完這本書所說的富人的三十三件事，阿格力發現其實這些都是大家能夠做到的小地方，不是說一定要成爲所謂的富人，而是爲了成爲更理想的自己。

趕快打開這本書，幫我們換上一顆富人的腦袋，未來財富就不請自來。

（本文作者爲台股暢銷書《生活投資學》作者）

推薦序

出眾，就從微小的差異開始

愛瑞克

這本書之於我是一個鮮明的記憶，回溯十年前問世時我很快就在書店發現它，接連幾天仔細地閱讀每一字句，且愛不釋手！當時還把書中的重點摘錄到兩、三頁的word檔中，放在書桌上平常容易見到的地方，不時提醒自己。

後來因爲搬家，書也送人了，幾年前電腦意外故障亦失去了存檔，近期受邀撰寫此書新版推薦序而拿到書稿再次重讀，我驚豔書中所談及的三十三件事情，確定超過半數以上都早已內化成爲我習慣的一部分了！當下的我驚喜之餘隨即主動告訴出版社，感謝他們再版推出之舉，讓我重溫深藏記憶，相信此書也將繼續讓更多人受惠！

這三十三件事情其實都不難，只是多數人並沒有常常這麼做，我深切相信，只要能夠將半數以上內化成爲自己日常生活習慣的一部分，幾年之後那差異就會大到讓自己覺得不可思議。舉例而言，「坐第一排的位子」並不難，除非某些大型的論壇或講座主辦單位刻意保留第一排當作VIP席，否則通常第一排都是可以讓早到的民眾自由入座的選擇；就算第一排有些是VIP席，那麼第一排的兩側可以自由入座的位子，或第二排中間也是極佳的選擇。

有一場對我影響甚巨的講座，是一九九七年嚴長壽先生《總裁獅子心》上市首輪的新書發表會，出版社在台中當時稱作「永豐棧麗緻酒店」三樓劍橋廳舉辦，而坐在第一排的我與嚴長壽先生之間的距離僅有一．五公尺。對那一場講座的印象著實伴隨我將近二十四年了，竟然就像看了很多次的老電影一樣，許多畫面至今我仍記憶猶新！爲什麼？

有兩個原因，首先，能夠坐到第一排代表很早到，於是很早就可以看到主講人，和他交談或者趁他有空檔時拿書給他簽名，有和主講人互動的演講，印象的深刻程度遠超過沒有任何互動的演講。

其次，演講過程他就在我正前方，當下我不可能打瞌睡或者分心，不僅過程中好幾次與他視線有所交會，每每當他說到激動之處的神情，因爲近距離觀看，會將他眼神所散發的光芒和臉上的細紋變化都敏銳感受到，也因此印象很深、很深。這種「坐第一排的位子」的感受和所帶來的好處，無論如何您一定要親身試一次看看！

此書所談的三十三件事情中，還有許多是我已經親身實踐了十年，幾乎已經是日常習慣的方式，我也常常在回台大爲TMBA學弟妹們演講當中提醒他（她）們養成這些好習慣，比如說，隨身帶著一本書、隨身帶筆、三秒之後再回答、送客要送到電梯門口、每週一次從不同的路線上下班、壞消息別用電子郵件告知、讚美不在場的人、正確喊出對方的姓名與職稱等等。

這些不僅是我個人習慣的一部分，也是我觀察到職場上成功人士常做的事情，儘管是那麼細微的差異，經過長時間的積累，衍生出難以估算的個人魅力增長，以及對生涯發展的複利效果。
出眾，就從這些微小的差異開始，絕對值得您一試！

（本文作者爲《內在原力》作者、知識交流平台TMBA共同創辦人）

前言 用微小的差異，踏出偉大的一步

我們總是認爲小事不重要，所以一心憧憬著大事，因而忽略了小事。

我看到想辦存款的同事忙著找一家利率稍微高一點點的銀行，常會忍不住生悶氣。還有，看到有人爲了省幾塊油錢，跑到最便宜的加油站排隊等加油時，我也會無法理解。

我這麼說好了：

「這樣做，有好到哪裡去嗎？」

有一家汽車公司將汽車銷往美國時進行品質測試。雖然安全測試沒有問題，但是產品出現許多小瑕疵，結果在品質方面就得到比較差的評價。

汽車公司的行銷負責人在網路上張貼文章表示不滿，他說：

「評價的標準並不公平。這些問題只不過是小瑕疵，卻被放大成好像是引擎的問題，實在不合理。」

隔天，在這個負責人的貼文下方出現一篇回應文章。

「你可能覺得這是個小問題，但是消費者每次開車門都聽到『嘎』一聲，這可是會讓人神經緊繃的。」

這些「微小差異」，看起來好像微不足道，所以人們看到對每件小事都在意的人，有時反而認爲他們太過挑剔。然而，有些微小差異，正是形成日後「巨大差異」的決定性關鍵。

大家的起跑點都一樣，不管是世界紀錄保持人，還是排名前二十名的選手，大家都是從同一條線、聽同一聲槍響後才出發。但在過程中卻隱含著看不到的微小差異，那些比別人率先跨出的每一步，到最後終於累積成巨幅的紀錄差異。

我們也是一樣。大家剛進公司時，起薪都差不多，而且每個人都有機會升到主任或課長，然後再升到經理。可是此後出現的差異愈來愈明顯，等經過十五、二十年之後，彼此的差異已經擴大到讓人很難相信起跑點是在同一條線上。

還有，一家公司的聲譽變好或變差，通常不是一、兩個重大事件造成的。因爲每天發生的許多瑣事會逐漸累積，到最後就像滾雪球一樣，變成巨大的情緒性社會觀感。同樣地，如果把員工們的每個小提案匯集起來，將可使公司持續改善，終有一天變身成爲超越競爭對手的公司。

不妨想想高爾夫球比賽的例子，你就能發現微小的差異是如何產生決定性的差異。

外行的人在看高爾夫球比賽時，會覺得這些職業選手之間的實力並沒有太大的差異。因爲大部分選手都可以把球穩健地打上果嶺，然後輕易地推球入洞。

然而，排名領先的選手們就不容許犯下絲毫的失誤。即使不小心失誤了，也要更加集中精神，找機會逆轉。比賽結束後會計算分數，藉此確認選手們在任何小細節的專注程度。也就是說無論容易或困難，每一次揮桿的差異累積起來，就會擴大成爲最後的分數差距。

所謂的「職業選手」，就是從細節中決定勝負的人。他們能在微不足道的小事中創造出差異，這種細膩的特質使得他們可以掌握住別人忽略的機會，選擇別人沒有注意的方式，也使他們因此踏上別人無法到達的成功之路。

一九八七年，美國布魯克海文國家實驗室的三位物理學家做了一項有趣的實驗。他們在桌上撒下一顆顆沙粒，同時觀察其中的變化。剛開始是使用眞的沙粒，後來爲了方便觀察，改成以電腦進行模擬實驗。他們想像自高處俯望沙堆，在沙堆坡度較平緩穩定的地方標示成草綠色，較陡、有坍塌之虞的地方標示成紅色。他們發現，當沙粒慢慢堆高，草綠色的地方會在一瞬間變成紅色，最後終於倒塌。而斜度較陡的紅色沙堆，卻不一定會立即倒塌。

三位物理學家在進行多次的實驗之後，導出以下這段結論：

「只有達到特定狀態的紅色沙堆才會倒塌，因爲那時候只要任意加上一顆沙粒，就足以讓目前爲止所堆積的沙完全倒塌，這就是所謂的『臨界狀態』。臨界狀態的形成，是來自每顆沙粒的不同重量、倒塌角度和方向，以及其他沙粒的衝擊等各種變數長時間的累積，而且各有不同。由於每個沙堆的堆積過程不一樣，所以雖然外表看起來相似，但倒塌的時機點還是不同。」

我們的生活就像是用「瑣碎日常生活」的沙粒所堆出的城堡一樣。一顆又一顆的沙粒，堆積出我們的每一天；每一天的沙堆，又再堆出一個星期，每個星期累積成一個月，每個月又形成一年，一年再堆積成十年。日常生活就像沙粒，堆積出我們的一生。

我們每天累積的小沙堆，終有一天會達到臨界狀態。到了那時，我們會面臨和以往不同的全新人生。至於會是什麼樣的人生，就是由你堆沙的方式——也就是由你怎麼過瑣碎的每一天來決定。

所謂「微小」，通常伴隨兩種意義：它具有「微不足道」的意思，同時也可以視為具有「容易完成」的正面意義。

在日常生活中找出微小的差異，做好這些小事，並不困難。只要持之以恆，每個人都可以做得到。

一定要記得，在我們不經意的瑣碎日常生活當中，正隱藏著驚人的成功關鍵呢！

01

比期限提早兩天完成

勝者管理時間，敗者被時間拖著走。

——悉尼．哈理斯（Sydney Harris）

新聞記者

在「帕金森定律」中有以下這段話：

「工作往往會比它應當耗費的時間還晚完成。」

有一位大學教授曾經做過實驗，他出相同題目的作業給兩組學生，並限定A組學生必須於下週內完成，B組學生則是兩個月後完成。

一般人總認爲，有愈充分的時間可以利用，結果就會更有利，所以都會預期B組學生的表現應該會比較好。

但結果完全相反。兩組學生沒交作業的比例大同小異，至於已經交出的作業內容，表現也差不多。

這裡得到一個結論：對於不用功的學生來說，給再多的時間也無法把作業寫好，不僅如此，這樣做還反而是浪費時間。

有些人只要接到指派工作，馬上就能俐落處理完畢。而有些人即使分派到簡單的工作，但他們做起來就是拖拖拉拉、草率隨便，最後還因此挨罵。後者雖然常熬夜加班，事情仍然做不完，看其他同事早就準時下班，只有自己留下來奮戰，心裡還會不是滋味。有時看到隔壁同事能快速處理好交辦的每件事，猶如神助一般，他們甚至會浮上一個念頭：想偷翻那位同事的抽屜，看看裡面有沒有藏著一本教人如何把工作做好的祕笈。

到底是什麼差異，讓這兩者之間的表現截然不同？

金副主任決定要在這次新專案的執行期間，好好觀察一下李課長。乍看之下，李課長好像不是那麼聰明，但爲什麼每一次都能交出很好的企畫案，得到上司的肯定？所以金副主任決定要仔細觀察整個過程。

根據前輩們的說法，李課長剛進公司時和其他同期的同事沒什麼不同——不，甚至還是常挨罵的人之一。既然如此，那麼當時的他到底哪一點特別，爲什麼現在可以交出這麼好的成績？

專案一建立，其他人就開始爲各自負責的工作積極奔走，忙著決定會議行程及分配業務。可是李課長開始行動的時間都比大家晚，這時候他所做的事就只是慢條斯理地反覆搜尋公司的資料庫。

接下來，李課長整理出幾張像是概要之類的內容。此時別人已經看完許多資料，也經過一番討論，準備要正式開始寫報告。大家的參考資料堆得像山一樣高，看起來成果豐碩。此時金副主任再也藏不住心中的疑惑，決定要直接問李課長。

「李課長，你打算什麼時候開始準備寫報告？別的小組好像都快寫完了呢。」

「也該要認真準備了。不管怎麼樣，一定要在這個時候完成。」

李課長用手指著掛在書桌前的月曆，二十八日那天畫了一個圓圈，下方寫著「企畫案期限」。其實繳交的期限原本是三十日，不過李課長自行訂出一個「自己的期限」。

「慢慢開始，然後提早完成。」

金副主任從後續的工作過程中體認到，李課長的競爭力就從這個小地方開始。

李課長說，不管完成期限有多緊迫，他還是不會馬上動手，而是會先用充裕的時間做整體的思考，這樣反而可以避免無謂的時間浪費。藉由這個過程，能夠更有效率地估算出工作所需要的資料和分析時間，以及所需投入的人力，盡可能將犯錯的機率降到最低。

有些表現良好的主管，做事看起來好像慢條斯理，他們就是屬於這種類型的人。雖然起步得比較慢，但是成果卻相當突出，原因就在於他們經常能從這種整體性思考的過程中，發現別人忽略的特別構想。

相對地，有些人只要一分配到工作，馬上就大喊「往前衝！」看到有什麼資料，都照單全收，所以手邊雖然有很多資料，有些卻是毫無用處，到最後整個人埋沒在資料當中，完全失去方向，只能在原地徘徊。

以上的內容是想說明：整體觀察之後所寫的概要，其重要性就像一本書的目次。把概要當成架構，找出需要的資料並加以分類，不需要的東西就斷然捨棄。只要藉由概要來掌握方向，就可以訂出一個「屬於自己的完成期限」。自訂完成期限——這也是另一個足以產生巨大差異的起始點。

接下來要做的就是剪除殘枝，讓自己進入全神貫注的狀態。所謂的「剪除殘枝」，是指將有可能妨礙專心的一切因素事先排除，就像剪除樹木的殘枝一樣。比方說可以先把瑣事完成或者往後延；還有如果會影響到別人，可以事先打電話取得對方的諒解。將這些事情控管好之後，自己就沒有辦法找任何藉口妥協，像「都是因爲其他事」或「要不是因爲那個人……」之類看似合理的藉口，都要在事前打消。只要之後能專注投入工作，即使起步比別人晚，一樣可以輕鬆在「自訂的完成期限」內做好。

接下來的一個微小過程，將會決定「平凡」和「優秀」之間的差異。在正式的完成期限來臨之前，將報告內容不斷複習、再複習。經過幾次反覆確認後，可以針對細節做修正，甚至連細微的錯誤也都可以發現。

這就是利用自訂完成期限的方法來創造時間，進而提升工作的完成度。

李課長處理業務的流程如下：

①用充裕的時間做整體性思考。

②整理業務概要。

③自訂一個完成期限，較原訂的期限提早二、三天。

④ 排除有可能妨礙專心的因素，讓自己全神貫注。
⑤ 在自訂的完成期限前做完工作。
⑥ 在正式的完成期限之前，反覆檢討、再檢討。

這個過程感覺似乎很熟悉，好像經常看到。沒錯，這就是學生時期，那些成績優良的學生所採用的學習方法。在考試前先仔細看過整體的考試時間表，同時擬出一個自己的準備計畫，專心準備考試，等接近考試時再複習一次，這就是他們讀書學習的方式。

不管成績好不好，人的本質其實並沒有太大的差異，大家同樣有追求安逸的心理，也就是想偷懶。仔細問一下那些每天認眞工作、備受稱讚的同事，他們也都只是個喜歡玩樂更勝於工作的上班族而已。

成績上的巨大差異，來自於「如何訂出完成期限」上的微小差異。

很多人爲了配合在期限內完成，做起事來經常毫無頭緒。因爲趕時間，無暇做整體性思考，所以很容易忽略不熟悉或是較特殊的部分，以致成果千篇一律。

然而，有些人就會先從整體開始思考，他們表面上看起來好像很悠閒，但其實都是為了發掘別人看不到的問題。只要能找出重點，訂出一個「自己的完成期限」，將時間提早，讓自己養成「從容開始、提早完成」的習慣，然後發揮高度的專注力，再加上不斷修正，最後必定能得到一個不平凡的成果。

02

不喜歡的事，再多做三分鐘

每天比自己認爲所能做的，再多做一些。

——羅威爾·湯瑪斯（Lowell Thomas）

旅行家、記者

仔細觀察李課長，你會發現到另一項差異，那就是即使下班時間已到，當天的目標也已經完成，他還是不會馬上下班。李課長會利用這個時間逐一確認隔天該做的事，看看有沒有遺漏。在大略整理明天工作事項的同時，也等於是在腦海中預作準備。

所謂的「三分鐘加分法則」，即是指愈不喜歡、愈困難的工作，就更需要多花三分鐘去做的一種法則。

回想一下國、高中時期，會念書的同學在擬讀書計畫時，總會多分配一點時間給比較弱的科目。舉例來說，如果花一小時的時間讀英文，比較困難的數學科就會安排兩個小時複習。而且在讀完兩個小時的數學後，他們也不會立即闔上書本，而是會先從明天的功課中挑一、兩個題目來做，這樣才算把數學科複習完畢。

也許有人認爲，和兩個小時相較起來，三分鐘不算什麼，但是對一個數學科較弱、而且討厭數學的學生來說，情況就有所不同。讀兩個小時的數學已經非常乏味，多希望能趕快結束，如果要再多花三分鐘做習題，當然會覺得痛苦。

三分鐘加分法則，可以應用在任何地方。它能讓你多複習一頁英文，也能讓你在睡前多看兩頁的書。這項法則同樣可以應用在慢跑的時候。從你對自己承諾要比平常多跑三分鐘的那一刻起，就是你努力想突破過去瓶頸的開始。

三分鐘加分法則是一種象徵努力的微小約定，所以不適用於原本就喜歡的事。所謂努力，正代表我們要多做一些我們不喜歡的事。

在菲律賓有一句俗話提到：「想做的事會找方法，不想做的事則是找藉口。」

三分鐘的短暫時間能提供機會，讓你和自己討厭、也想躲避的對象親近。每天撥出三分鐘的時間，一星期就有二十一分鐘，一個月則會有九十分鐘。還有，剛開始也許是三分鐘，等開始熟悉之後，你會發現自己不知不覺已經將時間增加成五到六分鐘或十分鐘，然後是二十分鐘，最後那些原本不想碰的事情，終於逐漸熟悉。

接下來，再找出一個自己想親近的對象或事物來做。當你能把不喜歡的事一一克服時，就等於向成功邁出了一步。

三分鐘的加分法則還可以讓你徹底揮別像「偷竊時間」一般的拖延惡習。拖延的習慣，是侵蝕我們精神和肉體的最大盜賊。它會讓工作一直堆積，使心裡的負擔和壓力不斷加重。之所以把工作擱在一邊，通常是因為我們不喜歡做那件事，原因也許是無趣，也有可能是因爲進行得不順利，這種情形經過一、兩次之後，工作就會一再拖延。

一旦開始執行三分鐘加分法則，拖延的惡習自然會倉皇逃走。只要下定決心，訂出工作時間，而且在當天目標完成之後多做三分鐘，拖延的惡習就會被提早準備的習慣所取代，超越工作進度反而變成一種習慣。屆時你會輕鬆地吹著口哨，並從工作中得到豐碩的成果。

即使是完全沒興趣的工作，如果將它切割成幾個小單位，就會變成幾件微小的瑣事。至於那些看起來困難、卻令你討厭的事，可以先試著著手處理，然後從中整理出可以讓事情簡化的頭緒。

如果是原本就瑣碎、但又讓人不想碰的事，不妨和其他事情一起處理，這樣會變得比較容易。換句話說，就是找一件喜歡的工作來交替著做，比如邊聽音樂、邊打掃房間，或是邊看電視、邊洗衣服等等。

同時間做兩件事，聽起來感覺好像很不專心，但是這樣做可以分散注意力，讓你將一些心思放在喜歡做的事情上，自然就會忘記另一件工作原本是自己不想做的。

持續成長或是留在原地踏步，這兩種人之間最大的差別，就在於用什麼態度面對討厭的工作。「是否願意多投資三分鐘在不喜歡的工作上面」，這種微小的心態差異會使結果全然不同。

其實三分鐘所能做的工作量，就實質層面來說並不多，但它代表的是「無論如何都要完成」的決心，而且這個時間已經足夠爲明天的工作做好準備。

一個能夠靠自我意志克服、將不想做的事做好的人，世界上再也沒有任何阻礙可以難倒他。三分鐘，不過是爲了突破自我瓶頸而輕輕跨出的第一步。

03

和家人一起吃早餐

早晨喝的一杯茶，所產生的力量，
直到傍晚工作結束爲止都留在我們體內，未曾乾涸。

——阿諾・班奈特（Arnold Bennett）
小說家

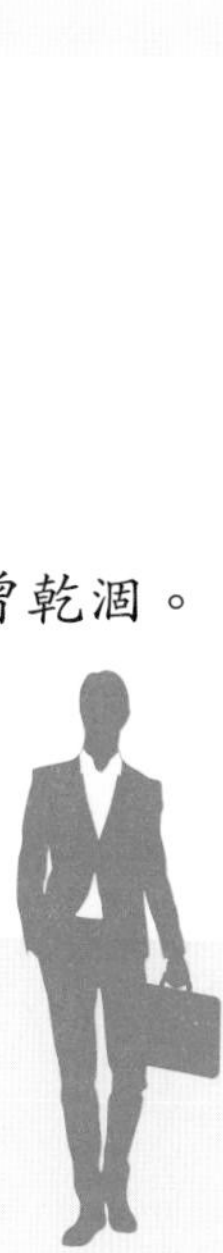

有一位値得驕傲的母親，從韓國移居美國，她養育的六名子女，每一個都是畢業於耶魯大學或哈佛大學。她的丈夫和兩個孩子甚至被選為「一百年來對美國最有貢獻的百名人士之一」。

這位母親叫做全惠星，她的兒子高洪柱曾在柯林頓總統時期的國務院擔任人權事務助理國務卿，後來又在歐巴馬政府裡擔任國務院的法律顧問。全惠星這位母親也因此在美國相當有知名度。

在全惠星家裡有一項獨特的原則，那就是「不管發生什麼事，一定要全家人一起吃早餐」。

早餐時間訂在早晨六點半，夫妻兩人從不曾破壞這項原則，這也成了家中一項不成文的規定。就算孩子們熬夜讀書，第二天早上還是必須起床一同吃早餐。

高洪柱在接受韓國媒體訪問時，曾經針對家族裡的早餐文化說出以下這段話：

「早餐時間總是很快樂。我們可以在吃早餐時討論各種不同的主題，從學校生活聊到前途問題，連人生的煩惱也都可以敞開心胸暢談，而且還能得到家人的建議。藉由餐桌上的討論過程，無形中也讓我們了解到家庭的可貴，同時體認到要如何更明智地面對人生。」

近年來美國的中產階級之間也吹起了一股「家庭聚餐風氣」。因爲有研究結果指出，和家人共進早餐不僅可以培養彼此的親密關係，對孩子的智能與健康提升也會有助益，還具有預防孩子行爲脫軌的良好效果。

哈佛醫學院的研究小組針對美國一萬六千多名青少年進行調查，分析這些青少年的用餐習慣，結果發現，孩子在與家人共進早餐時所學到的詞彙與知識，是獨自看書時的十倍。調查結果也顯示，與家人一起用餐的孩子在行爲異常或犯罪上的比例，僅是未和家人一起用餐的孩子的百分之十。

猶太人從很早以前就知道與家人一起吃飯的祕密。他們一邊和家人吃飯，一邊研究猶太經典《塔木德》，不管什麼情況都不例外。他們就在餐桌上同時完成了信仰與人生的教育。

甘迺迪在當選總統後，曾將自己傑出的演說能力歸因於「父親的功勞」。甘迺迪總統的父親不管有多忙，一定會在家裡吃完早餐才出門，而且會心滿意足地看著圍繞餐桌的孩子們討論各種話題。

「和家人共進早餐」的效果不僅止於子女教育，早餐就像是「第一顆鈕扣」，一頓好的早餐可以讓一天有不同的開始。

吃早餐時，家人之間會進行簡單的交談，這個過程可以提醒你有沒有遺忘什麼應該準備的事，比方說，一星期後的結婚紀念日要如何度過會更有意義等等，這些都可以事先在腦海裡想起來。

另外最重要的一點，就是個人的意念很容易在早晨表現出來。換句話說，吃早餐的過程能間接幫助我們如自己所願地度過「美好的一天」。我和家人之間的彼此讓步及坦誠，會讓早餐氣氛變得更和諧、有趣，成員間也能獲得更大滿足。

很多時候，我們寶貴的一天之所以混亂結束，原因就在於「早晨的錯誤開始」。因爲晚睡，所以痛苦地起床趕時間，準備上班的同時還一邊抱怨家人。而且，出門的準備很倉促又容易發生疏忽。一旦早晨是在這種情況下開始時，當然不可能將這一天的第一顆鈕扣扣好。

接下來，你很可能就在電梯裡遇見不想看到的主管，還聽到他念兩句你不想聽的話，叫你下次要早點進公司；也有可能在匆匆忙忙進公司後，外套都還沒脫就被主管叫進去罵了一頓。

就這樣心裡覺得受傷不舒服，一整天都想找個地方發洩、出氣。很多人是等到回家後，才將氣出在最親近的家人身上。因爲當天的第一顆鈕扣沒扣好，結果連家人都受到波及，讓他們的一天也受到影響。

沒吃早餐，一整天的生活很容易出問題，這種說法是有科學根據的。因爲我們剛起床時腸胃是空的，血糖值比較低，如果這時候開始活動，大腦和肌肉會需要消耗糖，但是在沒有吃早餐之下，就無法供給身體所需要的營養素，血糖會因此不足，身體也會容易感到疲倦，性情變得較爲敏感，甚至容易爲小事發怒。

如果早晨有個美好的開始，一整天都會特別順利，這是許多人的共同經驗。就算碰到任何難題，你也會因爲想到「和家人一起吃早餐」的美好開始，心情得到安撫。這是有智慧的人生前輩們經常提出的建議。

我們努力追求成功，目的並不是只希望自己過得好，而是希望能和家人可以過著更寬裕、更豐富的生活。

但是很多人常常只想到未來的成功和幸福，卻忽略了眼前隨手可得的悠閒與幸福。與家人共進早餐就是其中之一。

有一句話形容：「一切的成功，都是從家庭開始。」現代集團的創辦人鄭周永會長對這句話也深信不疑。他經常在公司加班，忙到沒有多餘的時間和子女聊天，孩子就算有話想對父親說，也幾乎沒什麼機會。所以他想到的方法就是「和家人共進早餐」。

即使後來子女各自成家，但他們每天早晨還是會在鄭周永會長的住所集合，大家一起吃早餐，聆聽父親的教誨，同時聊聊公司或家裡的事。經濟學家分析，就是這種習慣，讓現代家族產生一股凝聚穩固的支撐力量。

早餐時鄭周永會長總會坐在餐桌的最前頭，諄諄告誡子女和孫子輩要勤勉踏實。鄭會長在青雲洞的家中一樓寫了這一行字：

一勤天下無難事

在現代社會裡，如果能定時吃早餐——而且還是每天和家人共進早餐，這不就是家庭成員都很勤奮的象徵。鄭周永會長的人生哲學，對於每天忙著上班、上學而忽略早餐的人來說，可說是一項莫大的啓示。

04

坐第一排的位子

養成當第一的習慣。比其他人先行動，不要落後別人。
即使是搭公車，也要挑前面的座位。

——阿爾佛瑞德・羅伯茲（Alfred Roberts）

英國前首相柴契爾夫人的父親

W公司的崔部長還清楚記得自己剛出社會時的模樣。因爲當時發生了一件小失誤，但這個失誤改變她的一生。

那時候她要去參加新進社員訓練，沉悶的氣氛讓她有些緊張，她感到全身不自在，總覺得好像少了些什麼，心裡籠罩著一股不安。一路從徹夜失眠開始回想，直到在集合場所準備要下車時，她才想起來是爲了什麼事而不安。

「天啊，我的眼鏡！」

原來她把眼鏡放在家裡沒帶來。

都是因爲第一顆鈕扣沒扣好？很奇怪，這一天做什麼事都不順利。同組有一名組員遲到，所以巴士比較晚出發，導致崔部長這組全部被扣分，也就是說新進社員訓練根本都還沒正式開始，他們這組已經背負著最後一名的枷鎖。

從出發時就問題百出的新人訓練，在經過一番曲折後落幕，現在總算要進行結業典禮。新人訓練的總負責常務公布各部門成績優異的小組名單，接著又準備發表個人的分發部門。

「崔〇〇！在哪裡？麻煩請到台前來。」

聽到常務喊出自己的名字時，她還呆坐在最前面一排，過一會兒才心驚地站起身。

「崔〇〇小姐，妳這次得到新進社員訓練的最優秀個人獎。」

眞是太意外了，自己這一組的團體成績並不好，爲什麼她還能得到個人獎第一名？讓人完全難以理解。

等大家要合影拍照留念時，她才從一位前輩口中得知原因。

「妳總是坐在第一排專心聽課。當別人在打瞌睡時，只有妳最認眞，成績表現不錯，而且很平均，講師都一致推薦妳呢。」

崔小姐會坐在第一排，其實只是因爲她忘記帶眼鏡。在沒戴眼鏡的情況下，如果想看到白板上的字，就只能坐在第一排。坐在第一排又常會與台上的講師眼神交會，所以只好反射性地點頭回應。即使是在吃過午飯、最容易感到疲倦的時間，她也沒打半個呵欠，所以講師給了崔小姐一個最認眞聽課、看起來比別人踏實的評價。一開始雖然是「忘記帶眼鏡的惡運」，但是這個惡運轉了一圈，最後反而變成「坐在第一排積極表現的幸運新社員」。

崔小姐的幸運還不僅止於這個最優秀的個人獎項，她還因此被分派到新社員中競爭最激烈的宣傳部門。

念大學時，教室裡的第一排常被戲稱爲「獎學金寶座」。有幾所大學爲了避免學生上課時搶坐第一排，甚至採取對號入座的規定。像經濟學或企業管理等有大量學生選修的科目，大部分也都採行座位指定制。

坐在第一排的人成績比較好，這在學生之間已經不是祕密。大家都知道坐在第一排可以使成績進步，但這不是一件輕鬆的事。

其實坐在第一排聽課的壓力很大。老師可能會突如其來地問你問題，讓你手足無措，坐這個位置也不能有絲毫鬆懈，所以很容易令人感到拘束。

不過最大的問題，還是在於身邊同學的看法。大家害怕如果坐在最前面，有可能會被別人誤以爲想出鋒頭，也擔心別人認爲自己太做作。

於是我們決定妥協，選擇坐在中間的位置，然後對自己保證一定可以專心聽課。剛開始爲了表示自己的決心，上課時會特別認眞。當然有些學生即使是坐在後面，一樣可以拿到好成績，不過大多數的人經過一段時間之後就會開始分心，無法專心聽課，這時才發現自己的心思早已飛到九霄雲外。

當了四年系統工程師的K，對於前排與後排座位的差異，感受特別深刻。他認爲坐在前面比較無聊、不方便，坐在後面要偷懶會比較容易。但是在上過公司內部的訓練課程之後，他親身體驗到坐在前面的效果，也因此改變了想法。

「也許有人認為坐在前面或後面沒什麼不同，但是坐在第一排確實可以和講師產生一種特別的共鳴。因為眼神經常交會，所以沒有空檔可以分心。講師會觀察我的反應，藉此確認學生的理解程度。也就是說，彼此會形成一種緊密的互動關係。」

或許有人會反駁：「難道國、高中時期，坐在最前排的學生成績就一定好嗎？」

當然，坐第一排會產生學習效果差異的機制，必須是在「自己選擇」的前提下才會啓動。如果缺乏意願，就算坐在第一排，學習效果也不會比較好。

基於自我意志而選擇坐在第一排聽課，不僅本人會感受到聽課的「愉悅」，這種訊息同樣也會傳遞給講師。講師會從坐最前排、認眞聽自己講課的學生身上，得到良好的印象。

學生聽了一堂好課，會對老師充滿謝意，同樣地，老師也會謝謝這些聽得懂、又有反應的學生。兩者間逐漸產生一種默契，但這種氣氛並不會傳達給後面那些正在打著呵欠的學生。

老師和學生之間的回饋，會形成一種良性循環。學生因爲上課愉快，所以會在下次上課前事先預習，這樣一來，自然而然對這個科目產生信心。等下次坐在前排聽課時，因爲有預習，所以能夠更有自信，也會對這個科目愈來愈感興趣。在對這個科目有了興趣之後，下次上課同樣還是會再事先預習。

首爾某所女子大學裡，有一名學生被教授稱爲「老師」，原因是她比教授還年長。雖然現在已經畢業，不過當時她是個年過六十的大學生。

她原本是在一九六二年進入大學，但是因爲家貧而早婚。早期學校有禁婚規定，使得這名學生不得已只好選擇放棄學業。

婚後，她扮演兩個小孩的媽媽與丈夫的太太這樣的角色，過著平凡的生活。不過當她聽到禁婚規定已經廢除的消息，年輕時放棄的夢想再度浮現腦海，於是她在離開學校四十三年後又重新復學。

年過六十的她要一邊讀書、一邊與相差四十歲以上的同學競爭，可以說相當吃力。一般人會覺得只要能夠拿到畢業證書，就已經算是萬幸了。

不過這位奶奶大學生在復學後的下一個學期，就已經在所有的科目上都拿A，令她相當振奮。教授們並沒有特別照顧她，這些成績全是她自己努力得來的成果。

奶奶大學生在接受媒體訪問時，說出自己的學習祕訣：

「我每次上課都是第一個到教室，而且坐在第一排的位置。上課時我會打開錄音機放在桌上，將三個小時的課全部錄下，然後用四十八小時的時間邊聽邊讀。」

05

隨身帶筆

很多構想，都是在當下用不著時才出現，
只有將它們寫下來，將來才有機會活用。

——赫曼・西蒙（Hermann Simon）

管理學大師

伊萬杰琳．布斯（Evangeline Booth）在一九三九年退休時，被譽為「偉大的救世軍大將」的女性。很多男性對她有好感，甚至有一位歐洲頗具名望的王子，每次都在美國停留好幾個月，目的就是為了向她求婚。

伊萬杰琳有個故事讓人印象非常深刻。

有一次她決定前往阿拉斯加邊境地區參加救援貧民的活動，當時身邊的人與地方政府都極力勸阻她，因為有一批強盜經常在那個地區活動，而且傳聞他們把人命當成螻蟻，手段非常殘忍。

但伊萬杰琳不顧眾人的反對，堅持要去援助貧民。她與同行的人來到阿拉斯加邊境，正當他們完成所有準備時，突然聽到一陣紛亂的馬蹄聲，是那批強盜來了。大家臉色開始刷白。一個看起來像是強盜頭目的人從馬背上下來，朝伊萬杰琳走過去。

「原來是妳，我正在等妳。」

伊萬杰琳看起來相當鎮定，但其實她的手一直在發抖。雖然她見過世面，但還是第一次遇到懷有惡意的強盜。強盜走到營火堆前坐下來，伊萬杰琳在慌張之餘，還是拿起身邊的筆記本，假裝很專注地看著。她不自覺做出這種舉動，希望藉此克服心中的恐懼。她看著筆記本，然後靜靜地抬起頭說：

「這裡寫了一段故事，『耶穌不僅貧窮，甚至還具有僕人的面貌。』沒錯，祂是在拿撒勒的村子裡長大，那裡住著許多窮人。耶穌一輩子爲了可憐的人而活，最後也是貧弱地離開這個世界。」

她一邊看著筆記，一邊接連說了好幾個故事。強盜頭目剛開始顯得不知所措，後來卻慢慢沉浸在她講的故事當中。故事一個接一個，不斷持續到深夜。

頭目彷彿產生共鳴，有時會點頭反應，有時則不斷嘆氣。重複幾次之後，頭目突然站起身來，而且很意外地將毛毯交給伊萬杰琳。

「天涼了，這是送給妳的禮物。」

頭目騎上馬背，對伊萬杰琳報以微笑，同時告訴她：

「今晚妳爲我帶來全新的生活。現在我打算要去找警官，準備向他自首認罪，接受處罰。」

筆記本裡的內容救了伊萬杰琳一命，不僅如此，它還讓強盜下定決心改過，避免將來有更多的人命受害犧牲。

伊萬杰琳不論走到哪裡，都會隨身帶著筆記本和筆，而且會從筆記本中找出人們想聽的故事。她講的故事，可以讓聽的人敞開心懷與她交談。人們受到伊萬杰琳的魅力吸引，都很樂意先伸出援助之手。

和她長時間相處的人都說：「伊萬杰琳的談話和演講內容，主要都是來自於她的筆記本。」

伊萬杰琳會在睡前將筆記本和筆放在枕頭下。她常常在躺下來之後，又突然起身在筆記本上寫東西，有時甚至會在半夜醒來，在筆記本上寫字。萬一睡不著覺，她就會翻閱筆記本上書寫的內容，同時還哼著歌。

到了早上，她會先仔細看過自己熬夜寫的筆記，等到出去運動騎馬時，她就一邊騎著馬，一邊把這些內容當成演講題材，在馬背上練習演講。此外，如果聽到令人感動的故事，她一定不會錯過，馬上將聽到的內容全整理成筆記。因爲她希望將這些感人的故事傳達給別人，與大家一起分享。

所以我們可以看到，伊萬杰琳展現出的說服力量就是來自於「筆記」。從懂事以來，伊萬杰琳沒有一天不寫筆記，正是因爲這種長時間的努力，才可以讓她成爲「救世軍大將」。

人是難免會健忘的動物。隨著科技發展，有些事更容易被我們遺忘。像是開始使用手機和ＰＤＡ（掌上型數位助理）之後，我們就幾乎失去記憶能力，連好朋友的電話號碼都記不住。尤其網路等新興媒體的出現，更讓我們完全生活在一個資訊泛濫的世界裡，如今要靠腦部記憶來吸收所需的資訊，根本成了一件不可能的事。

很多成功的人都有寫筆記的習慣。他們經常隨身帶著手冊，並將聽到的資訊記下來。他們不會依賴記性或覺得可靠之類的感受，因為他們不相信記憶或感覺，只相信文字和文件。

企業之所以展開「寫吧！爲了生存」活動，讓愛寫字的人可以在競爭之下存活，原因就在於公司裡的業務日漸繁瑣，產品與服務也愈來愈多元，所以更加重視書寫紀錄的重要性。

學生的情形也一樣，成績好的學生通常不會刻意保持書本的乾淨，他們做筆記的方式或許各不相同，但是大多有做筆記的習慣。他們會用原子筆或螢光筆標示出重點部分，然後將關鍵字整理在書本的一角，或是用芝麻大小的字將與重點相關的事項寫在旁邊，這就是他們做筆記的技巧。

養成做筆記習慣的同時，也會培養出「觀察的習慣」。因爲經常做筆記的人，一定會仔細觀察事物的每個部分，目的是爲了讓筆記整理得更有效率。畢竟再怎麼喜歡做筆記，也不希望自己一再寫錯、重寫。

寫筆記的習慣能培養出觀察的習慣，而觀察的習慣又能提升個人的觀察力。還有，寫完筆記後，你會一邊重看筆記、一邊比較分析，這樣又可以增加思考的廣度與深度。藉由這種過程的反覆進行，你會培養出超越事物表象、洞悉事物本質的眼光。

寫筆記的習慣，也可視爲我們與時間競賽的勝利成果。「思考的重點」很可能在經過一段時間之後忘記，但我們可以透過寫筆記的方式，先將它們送到未來的時光。

要養成寫筆記的習慣，就要從隨身帶筆開始，這樣才能隨時完整記下想到的事。比方說，和別人聊天時閃過腦海的靈感，或是在連續劇中出現的有趣台詞，這些都可以馬上用筆寫下感想和心得。如果身邊沒有筆記本，也可以利用傳單、報紙邊角或紙巾等等。

奇異公司前任總裁傑克．威爾許（Jack Welch）有個很有名的故事，就是他經常會用紙巾寫東西。把「恐龍般的ＧＥ」送上手術檯，這個構想就是他在吃飯時想到的。他在紙巾上寫下：

「只把第一名和第二名的留下，其他的全部賣掉或重整。」

靈感總在不經意時突然湧現。洗澡時、打掃時、看電影時或是開車時，毫無預警地找上門。如果心裡想「晚一點再寫下來」，通常就會因此錯過。因爲這些靈感一轉過身就會忘記。

千萬不要小看這些突如其來的想法，就像威爾許的例子，它們說不定會凝聚成也許一生只有一次的靈感，而且不僅改變你的一生，甚至可能成爲成功的契機。只有養成隨時隨地寫筆記的習慣，才不會錯過那些如寶石般珍貴的靈感。

三星集團的創辦人李秉喆隨身都會帶他的筆記本，據說公司的經營活動都會配合裡面的記事進行。還有，當他聽到誰的談話或是有什麼構想時，也都會隨時記下。晚上睡覺前，他都會再整理這些筆記。後來的李健熙會長也同樣繼承了這個習慣。有段時間李健熙會長還隨身帶著錄音筆，以便能隨時錄下會議內容或是提案。

寫筆記的另一項優點，就是當你持續寫一段時間之後，它就變成是自己的生活紀錄。換句話說，就像日記一樣。我們可以從裡面發掘智慧，過去的內容有時還可以爲我們的未來指引出更好的選擇方向。

有研究結果指出，不僅是筆記，其實塗鴉也有助於記憶。英國普利茅斯大學的一個研究小組進行一項實驗，要兩組受試者分別打電話。他們幫A組的人準備筆和紙，讓他們可以一邊通電話、一邊塗鴉書寫；B組的人則不提供筆和紙。

經過一段時間以後，他們各自對兩組人提出十六項和通話內容有關的細節問題，結果一邊講電話、一邊塗鴉的A組，平均記得七．五個問題的答案，相反地，B組只記得了五．八題。研究小組的結論，是隨手塗鴉有助於注意力的提升，而且可以讓記憶維持較久的時間。

現在，請再確認一次。你的背包或口袋裡有沒有放一枝可以隨時使用的筆呢？

06

在手機背景畫面寫上自己的目標

偉大的人設定目標，平凡的人就只有願望。

——華盛頓・歐文（Washington Irving）

小說家、散文家

美國記者克勞德．M．布里斯托爾（Claude M. Bristol）曾對多名成功人士進行深度訪談。他找了白手起家的企業界人士和有名的銀行家、醫師、藝術家、軍人等等，採訪他們的成功經驗談，結果他從這些訪談中發現，成功的人都具有一項特殊的共通點，這使得具有不同出身背景和思想的他們，竟然有著巧妙的交集。

這個共通點就存在他們的工作空間。每個受訪的成功人士都會把座右銘、先祖的訓示、尊敬人物的畫像等等放在辦公室顯眼的地方。

如果能將自己的目標或願望寫在顯眼的地方，讓自己隨時都可以看到，這樣每看到一次，就可以再一次提醒自己。

這就是所謂的「座右銘效應」。

雖然稱不上座右銘，但是在日本京瓷就曾發生過一個和座右銘有關的故事。京瓷集團的名譽會長稻盛和夫被稱爲「經營之聖」，他是受人尊敬的企業家，在一九七二年曾經以「來去夏威夷」的標語創造出驚人的成果。

稻盛和夫會長當時與員工約定，只要每個月營業額達到十億日圓，他就要帶大家到夏威夷旅遊。公司前一年的營業額是每個月五億到六億日圓，所以這個目標等於是原本營業額的兩倍。對那個年代的一般日本上班族來說，去夏威夷玩幾乎是遙不可及的夢想。

員工之間開始有人抱怨，認爲「無論如何，十億日圓的目標實在太高了」。稻盛和夫會長一聽，便提出一個折衷方案，那就是「九億日圓去香港，八億日圓去京都的寺廟打坐禪」。

充滿期待的員工在辦公桌和公司的每根柱子上都貼了「去香港」「去夏威夷」的標語，大家努力想達成營業目標。自此之後，公司的外銷業績果然大幅成長，在第二年就順利達成目標。公司依照約定，從社長到清潔人員共有一千三百名員工，大家一起搭著專機前往夏威夷旅遊。

近來有很多人會在手機背景畫面上輸入自己的決心。以前大家怕別人看到，只敢將目標偷偷寫在筆記本上，但是現在愈來愈多人不在乎別人的眼光，所以能夠充滿自信、大方地公開自己的目標。

心理學家認爲，將自己的決心或目標直接輸入手機畫面，是很有意義的行爲。因爲每天會重複看到這個訊息幾十次，這樣可以帶來正面的效果。

也許，有時候你並沒有為這個目標特別努力什麼，但是只要看到手機畫面就夠了。因為它會使你維持對這個目標的持續關注，這點才是最重要的。而這也是學者們的主張。

當你爲了傳簡訊給別人，或是爲了看時間而無意間瞄到手機畫面時，就可以向自己再一次確認。與手機畫面上的目標相較，我們是不是正在努力往前跑呢？還是我們早就把它忘得一乾二淨，沉溺在其他的享樂之中？如果答案是肯定的，你就可以好好獎勵自己；如果答案是否定的，那麼就要好好反省，把自己拉回原來的軌道上。

如果能時常確認手機畫面上的目標，這個目標就會在潛意識裡形成鮮明的印象，我們也會因爲下定決心實踐而訂出具體的計畫。在付諸實行之後，我們可以試著分析每一週的執行進度，並藉由成果的回饋，隨時修正原有的策略。

所以在手機畫面輸入目標，可以視爲一種能隨時審視自己、督促與激勵自己的手段，同時也是爲了達成目標而踏出的第一步。

所以如果有任何必須達成的願望，最好的方法就是在手機背景畫面上清楚寫下願望，以便自己能夠隨時確認。如果只是寫在筆記本或日記裡，因爲不能經常看到，很難產生像手機一樣的效果。願望距離你的眼睛有多遠，距離你的心就有多遠。必須經常在視野範圍裡出現，內心才會朝那個方向前進。

有專家表示，若想達成願望，應該要依據SMART原則，精準地設定目標。

所謂SMART原則，是指設定目標時要注意具體（Specific）、可量測（Measurable）、行動導向（Action oriented）、實際可行（Realistic），以及時效性（Timely）的原則。

很多人從一開始設定目標就已經犯下錯誤。因爲如果設定一個缺乏實際可行性、不具體的目標，那麼不管重來幾次，到最後一定只有放棄一途。

設定目標的第一步，就是先決定一個具體、可量測的目標。「今年要學好英文」「今年要過得更好」之類的目標太過模糊，根本無法達成。沒有人知道，哪種英文程度才稱得上好，這個問題連訂目標的人自己都答不出來，立志「今年要過得更好」也是一樣。這類目標只不過是做做樣子，最後的結果和不做其實沒兩樣。

輸入手機畫面的目標，應該要像以下的內容一樣：

・今年夏天的多益（TOEIC）測驗要考七百分。
・今年簽訂的合約要突破二百件。
・三個月內要減五公斤。

只有像上述這種具體、可量測的目標，才可以讓我們從強烈的意志中，導引出細部的執行計畫。

除此之外，還要仔細思考這是不是一個符合行動指向與現實性的目標。換句話說，寫在手機上的目標必須是可以立即付諸行動、而且具有現實性的目標才行。例如雖然下定決心「今年簽訂的合約要突破二百件」，但是想要達成這個目標，就必須有具體的行動。

今年要達成二百件合約的執行計畫

- 一個月要簽十六件以上的合約。可能嗎？
- 一星期要簽四件以上的合約。可能嗎？
- 一天要拜訪十名以上的潛在客戶。可能嗎？
- 爲了爭取客戶，要準備自己專用的資料。

不過客戶並非聚集在同一個地方，一天拜訪十位以上潛在客戶的執行計畫，並不符合實際。雖然勉強去做，還是可以找出十個客人，但卻有可能無法進行深度的談話，如此一來，簽約成功的機率也會大幅降低。所以訂定一個可執行、符合現實的目標，是相當重要的關鍵。

最後一點，是必須考量這個目標是否符合時效性原則。

每個人都有個別差異，「一星期內必須看完一本多益考試準備書籍」之類的計畫，眞正落實的可能性並不高。尤其對英文實力比較弱的人而言，這個計畫實在太過勉強。

如果決心依照這個計畫準備多益考試，就必須犧牲大部分其他的時間。也許你可以咬緊牙關忍耐幾天，但是如果一、兩天沒趕上進度，後面累積的負擔會更重，到最後就會因爲精疲力竭而決定放棄。

問題是我們每年都在重複犯下這些相同的錯誤。專家建議，一開始千萬不要訂出這種會讓自己疲累的目標。如果目標執行到一半就萌生放棄的念頭，這時就算把目標輸入手機畫面、每天看好幾次，也很難對自己的決心給予肯定。畢竟沒有必要爲了一個錯誤的目標而責怪自己。

07

比約定的時間提早十五分鐘到達

約定，是獲得對方信任的一種證明。
如果不能遵守約定，就等於在竊取對方的時間。

——安德魯．卡內基（Andrew Carnegie）

企業家

參加聚會的人數已經減少到連她自己在內共四個人。這是高中同學的聚會，原本有七個人，但是其中一個已經結婚、生子，一個出國留學，還有一個被分發到鄉下當老師，所以人數一下子減少到只剩四人。

離約好的時間還有十分鐘，她來到約定的場所，情況就如同所預期的一樣，H最早到，正在等著其他人。H是大企業集團廣告代理商的文字編輯，算是同學中最忙碌的人，但是每次都很準時。H打開筆電工作了一會兒，看到她來之後就趕緊蓋上筆電，陪她一起聊天。

約好的時間已經超過三十分鐘，這時候另一個同學K匆匆忙忙地出現。「正準備結束工作時，突然被主管叫進去問一些事，所以比較晚到。」K一邊講、一邊道歉。早到的兩個人回答說：「我們也才剛到。」接著就轉移話題。她們撥了電話給J，J雖然已經遲到，卻沒有和她們聯絡。電話接通以後，J冷靜地說：

「我馬上到，你們先吃晚飯。我到附近後，再打電話給你們。」

三個人異口同聲說這是意料中的事，同時起身準備去找餐廳。J的

「馬上到」，通常代表「大概還要一個小時」。她經常如此，對約定好的時間總是漫不經心。而且她的藉口總是「沒工作的人反而最忙」。

在參加聚會時，我們常常會碰到像J這一類的人，這種人向來不會準時赴約，就算有充分的理由，她們一樣會拖到更晚才來。即使她們已經遲到，也絲毫不覺得抱歉，好像認爲別人等自己都是應該的。這種人並不是因爲無法避免的原因才遲到，而是因爲遲到已經變成一種習慣。

有人常把「世界不公平」這句話掛在嘴邊，不過很顯然世界上還是有對所有人都公平的事。

最公平的事就是「時間」。大家擁有相同的時間，每天同樣有二十四小時，但是時間的意義與價值會因人而異，社長的十分鐘不可能和新進員工的十分鐘一樣。通常愈有成就的人，時間的意義和價值就會相對提高。

簡單來說，時間就是「金錢」。當你還是新進員工時，一天工作八小時可以月領三萬元，等你晉升之後，可能就變成一天工作十二小時、月領十萬元的主管了。

所謂的成就，也意味著時間會變得更緊湊。在有限的時間內，你必須和更多的人碰面交換意見，還必須做出一些重要的判斷和決策。所以對成功的人來說，時間可說是最珍貴的資產。

正因爲成功者對時間的重要性有深刻的體認，所以能爬升到今天的地位。還有，除了自己的時間之外，他們也懂得尊重別人的時間。

仔細觀察那些達成夢想的人，你會發現一項事實，那就是他們多半會有比約定時間提早十五分鐘到達的習慣。或許因爲我們比較晚到，所以沒有機會了解，但是只要你下定決心觀察，就可以發現他們具有這一項共通點。

有一位食品公司社長曾經歷過幾次商場上的失敗，甚至差點到了要自殺的地步，後來他靠二萬五千元重新站起來，最後竟然還清所有的債務，還蓋了私人豪宅，可說獲得極大的成功。

他要和客人談生意或是吃午餐時，經常約在某一家飯店，這家飯店的經理這樣描述：

「我觀察了很久，大概知道社長為什麼會成功。他每次都在約好的時間十五分鐘前到達。我觀察他十幾年了，從來沒看過他遲到。」

提早十五分鐘到達是有原因的，這是許多比你我成功的人士透過經驗證實出的「黃金法則」。

只要提早到，犯錯的機率就能降低一半以上。如果約定的場所以前沒有去過，提早到就能解除迷路的風險，也有足夠的時間可以先去洗手間。我們多多少少都聽過以下的失禮經驗：匆匆忙忙趕赴一個重要的約會，才剛打完招呼就馬上接口說：「我去一下洗手間……」。像這樣令人尷尬的失誤，就是因為晚到引起的。

此外，提早到可以保留一些安靜獨處的時間，並能充分利用等待的那段時間。如果是在等待情人或朋友，可以利用這一小段時間規畫接下來的行程，或是想想明天該做的事。如果是屬於工作上的約會，這時候可以做最後的檢查，就好像考生在考前做總複習一樣。你可以練習一下，待會兒應該怎樣引出正題、邏輯要如何展開，然後用什麼方法說服對方。必須有充分的準備，這場約會才能按照你想要的方向進行。

比約定時間提早到的最重要理由，在於這代表對對方的一種尊重。時間就是金錢，尊重對方的時間就等於尊重對方的價值。尤其比較晚到的人通常會因爲自己讓對方等待而感到抱歉，在這種懷有歉意的情況下，一開始碰面的氣勢就挫減了一半。

「對方故意遲到，如果我還提早到，這樣豈不是吃虧？」

也許有人會反問這個問題，不過這種觀念是錯誤的。並非故意遲到的人就是占便宜，他們遲到的理由並不是爲了從事有生產性或有利的活動。對時間觀念模糊的人，做其他的事也不可能明確。

等待的時間絕對不會白白浪費掉。提早十五分鐘到達，反而能讓自己培養珍惜時間、活用時間的習慣。一旦養成這種習慣，別人就會對我們產生一種信任感。

信任是成功的一切，少了信任，事情便不可能成功。如果是口才不好、不懂得如何對應客戶，只要找一位口才好的人幫忙就可以了；如果是不善於管理金錢，也可以請擅長的同事幫忙。但是如果無法讓人信任，這一點就沒有人可以幫得上忙。

再回到前面高中同學會的那個故事。K打電話問她：

「明天午休時間有空嗎？我們找H一起吃飯。」

「嗯，好啊。那J呢？」

K不太情願地回答：

「不要找她吧。午休時間這麼短，她每次都不準時，到時候又要等她，搞不好最後還要餓肚子。」

就這樣，聚會人數減少到只剩三個人。到後來甚至連晚上的聚會也都沒有聯絡J。

心理學家理查．法森（Richard Farson）剛開始當教授時，對所有的事都感到新奇。有一次和前輩教授們吃飯時，他好奇地問了一個問題：

「教授的課不是有超過三百名學生選修嗎？這麼多學生交的報告，您是怎麼看完每一份報告，然後打分數呢？」

聽完法森的問題後，所有的教授都一陣大笑。其中年紀最長的教授回答：「導論部分只要看個幾行，就可以知道這份報告有沒有認眞寫。很快你就會明白了。」

其實一個學期都還沒過完，法森已經抓到訣竅，只要看一下學生報告的導論，他就可以評分了。

就像吃肉時，不一定要整份吃完才能知道味道如何。只要切一小塊品嘗，大概就可以知道好不好吃。

同樣地，只要看一個人有沒有遵守時間的習慣，就能推測出他的人品如何。所以，想了解一個人，不妨試著和他約時間碰面，而且最好提早三十分鐘到約定的地方去等他。如果對方提早十五分鐘到，而且一直維持這種習慣，那你就可以放心投資他的未來。相反地，如果這個人每次都遲到，勸你最好還是和他保持距離。

比約定的時間提早十五分鐘到達，這種習慣是只需稍費心思就能輕易到手的成功本錢。

08

先訂好玩樂的計畫

工作與休閒如果能夠規律交替，彼此調和，
生活就能變得更愉快。

——托爾斯泰（Leo Tolstoy）
小說家

領導一家中小型出版社的K社長總是面帶笑容，即使經常爲了許多約會與會議而忙碌，壓力一詞看起來依然離他很遙遠。

第一次見到他的人，幾乎毫不例外會問他：

「什麼事讓您這麼高興？」

K社長每次聽到這個問題，都會以微笑代替回答。偶爾有人會將他視爲異類。他對周遭的一切從不曾抱怨，經常挺身處理工作上的每一件事，有時會讓人覺得他好像是個機器人。

但是K社長本人會說：「我和其他人沒什麼不同。」他說自己也是喜歡悠閒甚於忙碌，而且是個好逸惡勞的平凡人。他還說，碰到難解的工作時，他同樣會感到痛苦、掙扎。

但到底是什麼事讓他如此開心，而且能維持一整天的笑容呢？

K社長說：「因爲想到開心的事。」仔細一問，原來是想到了腳踏車。他只要一想到週末可以騎腳踏車，馬上就能忘記一切辛苦，每天都覺得快樂無比。工作時保持心情愉快，效率自然也隨之提升。

K社長是一名公路自行車迷，每個星期天一大早就會和社團同好相約一起騎車，往返大概騎上一百公里，將一整個星期累積的壓力完全紓解，接著在郊外吃完一頓好吃的午餐後才返家。

騎到最後一段路時，他會使出全身力氣把它騎完。在新的一週當中，他帶著週末可以騎車的期待感去完成公司裡的工作，等到了週末又瘋狂地騎車，彌補下個週末來臨之前無法騎車的遺憾。

週日下午三、四點左右回家後，他會和家人一起去逛超市，藉此度過週末剩餘的時間。「星期一早晨一上班，我就開始在腦裡規畫下個星期的自行車路線，想到這裡整個身體馬上開始發熱。光靠想像就覺得愉快，當然公司裡的工作也就輕易地迎刃而解。」

K社長將這個祕訣告訴公司的晚輩好幾次，但是每次都聽到他們痛苦的回應，大家只會無可奈何地說：「唉，老闆這個方法哪能叫祕訣？」

從晚輩的立場來看，當然覺得這個祕訣沒用。很多人即便放棄玩樂的念頭，將全副精神投注在工作上，得到的成果還是不盡理想，這種情形下就算有時間玩，他們也會認爲應該拿玩樂時間來彌補工作實力的不足才對。

不過很奇怪，現實總是與這些努力的付出背道而馳。雖然想透過熬夜加班或讀書彌補不足，但結果就是不如預期。原本希望藉由工作與學習來證明自己的價值，偏偏得不到期待的結果，自己因而更加痛苦，最後還淪爲工作和讀書的奴隸。

如果不往後退一步，你就無法看見整座森林，當看不見整座森林時，就只能被眼前的工作牽著走。如此一來，不僅讓你失去方向，也會讓你失去創造思考的能力，因而無法產生與眾不同的想法，只能跟隨別人的腳步。當看到表現傑出的人工作愉快的模樣，你的心裡會更加鬱悶。另一方面還會對自己的無能更加挫折，你轉而決定要瘋狂追趕，因而訂出一堆密集的工作或讀書計畫。

可是有些人竟然是優先訂出玩樂的計畫，在訂定年度計畫時，也會以玩樂爲優先順位，尤其對國定假日更是積極安排。有時候即使情況不允許，也依然不肯讓步，表現出高度堅持的意志。

一個是先從工作開始計畫，另一個則是先從玩樂開始計畫，計畫看起來都差不多，出發點也是大同小異，不過經過一年之後，你會發現最後的結果與原來的計畫有著明顯的差異。

首先，從工作開始計畫的人多半無法眞正按照計畫進行，尤其當計畫內容太過貪心時，目標達成率往往會與計畫內容成反比。此外，還有一個問題比計畫是否完成更爲重要，那就是這一年的日子會怎麼過。簡單來說，他們就是過得既辛苦、又不幸福。

至於先從玩樂開始規畫的人，多半都能按照計畫進行。因爲他們能夠盡情地放鬆，所以有足夠的能量可以在工作或學業上求得更好的表現，這一年必定過得既愉快又充實。

在網路公司上班的O小姐每年都會到海外旅行。通常中秋節、例假日、特休全部加起來，最多可以連休十到二十天，去年休十天假時，她跑去義大利和法國玩，今年又打算去義大利和埃及、摩洛哥旅行。

每當新的一年行事曆發下來，她就會四處向同事宣傳這一年規畫的活動。

「中秋連休前後加起來共有二十天！我先訂下來，誰都不准碰。」

藉由宣告的方式把這件事決定下來，這種做法除了是在向同事表明非去歐洲不可的決心之外，也等於是在向自己保證。

O小姐將自己這種獨特的舉動稱爲「分配希望的儀式」。

她清楚地做出以下說明：

「反正也有可能去不成，就像前年一樣。不過只要在新的行事曆上加入希望，光靠這種方法就可以讓明年過得很幸福了。」

她說的話就和K社長一樣。不斷找出一個令人期待的希望，再把這個希望當成幫助跨越眼前困難的長竿。每當想起這些愉快的計畫，腎上腺素就會不斷分泌，令人產生一股振奮的力量。

不懂得玩樂的人，並非沒有想過這個問題，只不過他們會在意旁人的看法，擔心優先安排玩樂會影響到工作，所以不敢付諸行動。

O小姐說：「不管別人說什麼，都要勇敢去做。」她還丟出一個問題：「我自己的人生，別人能替我過嗎？」她說：「公司主管還不錯，最近他們慢慢了解，會玩的員工通常在工作上的表現也比較好。」

「旅行歸旅行，公司的事一樣能做好。這種事很難用言語形容，因爲只有自己親身體驗過，才能了解這種感覺。」

去網路搜尋一下，很容易就能找到像O小姐這樣的人。你會發現他們的人生充滿生動有趣的經驗和成長的紀錄。在仔細閱讀後，你也能體認到他們並不是因爲時間或金錢太過寬裕，才做出那樣的安排，而是在很困難的情況下找出時間玩樂，並試圖從忙碌的日常生活中獲得短暫解脫，容許自己去經驗一趟旅行罷了。

這種人只要發現任何有趣的事物，就會下定決心「一定要試試看」。然後訂出計畫去挑戰。相反地，一般人如果發現什麼有趣的事，都只是夢想著「總有一天要試試看」，接著又訂出一堆更密集的工作計畫。他們告訴自己，要等成功以後才可以去，到最後連嘗試的機會都沒有，人生就結束了。即使還活著，也可能因爲年紀大而覺得太遲。

先從玩樂開始計畫的人，會這樣勸告因顧慮而不敢盡情放鬆的朋友：

「當工作做好時，應該給自己一些獎勵吧?!在獲得成果之後做一件有趣的事，是對自己的努力給予一種回報。這個過程如果多重複幾次，不僅工作表現會更好，甚至還可以消除玩樂時的不安。」

仔細想想，這番話沒有錯。我們認眞讀書、努力工作的目的，就是爲了讓自己享受愉快與豐富的生活，只是我們的現實生活都是本末倒置。我們忘了愉快富足的生活目的，取而代之的是不停投入競爭的行列。愈是咬緊牙關堅持，愈只能當個疲倦的奴隸。

在生活中找回曾經被遺忘的玩樂悠閒，最大的好處就是能在既忙碌又枯燥、充滿煩悶及壓力的日常生活中，製造一個「即將到來的希望」。爲了等待那天，無形中每天的日子會變得更愉快。當自己心情愉快時，與別人面紅耳赤爭執的情況也會減少，工作自然能得心應手。

09

先大聲向別人問好

鼓舞自我士氣的最佳方法，就是先鼓舞他人的士氣。

——馬克・吐溫（Mark Twain）

小說家

每個第一次來電視台的人可能都會嚇一跳，因為無論在大廳或走道上，常常會突然響起一些聲音。驚嚇之餘轉過頭去看，令人訝異的是這些聲音的主人都是常在電視節目中出現的演藝人員。

「你好！」

演藝人員對每個碰到的前輩、同事或是電視台工作人員，都會大聲打招呼。從人氣爆棚的偶像團體到偶爾上場的喜劇演員，大家競相提高音量問好，彷彿像在炫耀自己的嗓音一樣。

看這些人氣偶像一致點頭大聲問好的模樣，實在很難把他們與鏡頭前華麗的形象聯想在一起。

當我們碰到認識的人或是有人介紹新朋友時，也都會向對方問好。

「你好。」

其實這只不過是一種習慣性的問候語。

然而，演藝人員打招呼的方式，層次有些不同。他們已經養成謙和有禮的問候習慣，從踏進電視台開始，就會向所有碰到的人打招呼。除了進到認識的工作人員辦公室去打招呼之外，他們還會穿梭在攝影棚與休息室之間，向前輩、晚輩及同期同事問候。對於愈年輕、愈沒有經驗的晚輩，他們反而會花更多的時間去打招呼。他們也會盡可能努力向其他節目的工作人員問好，不會侷限於自己演出的節目同仁。

這是因爲演藝圈的前、後輩關係較爲嚴謹的緣故嗎？當然，這很可能是原因之一。演藝圈的前輩喜歡教導後輩徹底養成向人問好的習慣，不過他們這樣做的目的，並不是爲了要求別人向自己問好請安，而是想教後輩明白「人愈紅，愈要懂得謙虛」的道理。演藝圈的前輩教後輩要大聲問好，這種努力隱含著深層的心意，因爲他們想傳授給後輩自己長期以來所領悟到的智慧。

可曾想過，簡單一句「你好」，究竟含有多深的意義？

對大多數人來說，所謂「打招呼」代表的是「晚輩對長輩表現出來的禮儀」，所以大家多半喜歡別人向自己問好，但是並不喜歡主動問候別人。也就是說，只希望別人來向自己問安，卻不想自己主動向別人問好。

打招呼雖然不是什麼重要的事，但是最好記得它代表的意涵。打招呼並非被迫、不得不做的事，也不是害怕別人不悅、而必須勉強去做的事。

問候，是向對方表示尊敬的一種表達方式，它傳達了「我尊敬您，也希望與您共存」的訊息。其中包括了「我們不要和對方矛頭相向！」的消極性防禦意志，同時也包含了「一起合力讓今天過得更好」的積極意志。

互相問候是自人類認知彼此存在以來所發展出的文明產物。為了表示願意與對方和平相處，也為了向對方確定沒有攻擊或玩弄手段之意，所以發展出點頭或是握手的習慣。否則猶太人和阿拉伯人怎麼會各自以具有「和平」之意的話語——「Shalom」及「Salaam」來表示問候呢！

總之，問候在很早以前就是一種防衛自我安全的透明盾牌，直到今日仍是有效的保護手段。先向對方打招呼，可以將和平的意志傳達到對方的內心深處；和平的種子必須先萌芽，才能開啓對方的心門。

打招呼也是一種向對方祈福的行動。一句「你好」，甚至表達出希望對方能有美好的一天的含意。

這件事看起來好像無關緊要，但是仔細想想，我們的人生不正是由每句話累積而成的？想法影響言語，言語形成態度，然後轉化爲行動，最後塑造了我們的人生。

認爲自己不幸的人，通常不會主動向別人打招呼，但原因與結果是相倚的。因爲覺得不幸，所以不想祝福別人；又因爲得不到別人的祝福，所以才會不幸。也因此，問候所帶來的祝福，不可能與不幸的人同在。

簡單來說，一句「你好」的問候是一種能將正面能量傳達給他人的行爲，藉由這句話希望一切順利，就算是碰到困難，也期望能夠順利解決。

所以充滿正面能量的人，多半會先大聲向別人問好。當你像西部電影裡的神槍手對決一樣搶先開口問候時，你就能先帶給對方祝福。而這些先送出去的祝福，會慢慢累積在個人的幸福帳戶裡。

問候也是成功的基礎。有些問題因爲有了問候而得以解決，有些事因爲少了問候而窒礙難行。

「你知道金副主任嗎？一個會開朗向人打招呼的朋友。他現在是課長職缺的第一順位候補呢。」

「那個人從來不和別人打招呼，怎麼會這麼沒禮貌啊？」

也許有人會覺得這種評論不合理，而且想法迂腐，尤其因爲「不和別人打招呼」就招致批評的人更會覺得如此。他們想問：「打招呼到底和能力有什麼關係？」不過嚴格說來，能夠開朗地和人打招呼也算是一項才能，而且是屬於層次較高的一種能力。

看看金副主任的案例，他總是先大聲向人問好，所以在主管或部門同事當中，沒有人會敵視他。大家都說和金副主任打招呼時心情特別愉快。

金副主任經常向人問好，即使在走道或電梯裡碰到早上曾經打過招呼的同事，他也會再度問好。這時候他就會以「工作還順利嗎？」「今天看起來氣色很好」等輕鬆的話語來代替問候。

金副主任的問候，常能爲對方帶來力量。如果碰到沒有晉升的前輩，他就會安慰對方：「大家都覺得很可惜，下次你一定可以晉升的。」

很有趣的一點是，金副主任對別人的問候也常能爲自己的工作產生加分的效果。

如果寫企畫書的時候碰到困難，同事就會幫他分擔；即使犯了某些錯誤，也不曾被主管點名責罵或是反映給人事部。相反地，主管還會叫他坐在旁邊，然後親切地給予指導。只有金副主任的企畫案經常被遴選爲優秀的案例。

在與其他部門合作時，部門同仁更能清楚感受到金副主任的優點。每當不同部門間有歧見或衝突時，只要有金副主任出面調解，大家就能停止爭執，不會產生嚴重的磨擦。

這不是誇張或捏造的故事，而是我們身邊眞實發生的事例。

一對夫妻有了小孩之後，很早就會教小孩子講「你好」。

以前的長輩常對孩子說：「平常進門、出門時，一定要出個聲音。」而且要求子女必須養成向人問好的習慣。

現在我們已經忘了這些教誨的深層含意。我們堅信，要搶先得到新知識和新技術，以及別人不懂的東西，才可以開啓一個富足的未來，不能一心只夢想靠著膚淺的技術一步登天。可是，我們都無視做人的基本。我們之所以常遭遇挫折，就是因爲忽略這些看似單純而微不足道、但其實很重要的生活現實面，挫折只不過是我們爲此付出的代價罷了。

我們的父母、還有父母的父母，都會傳授生活的基本要訣給下一代，目的就是希望子女能夠過著幸福的生活。而這個生活的基本要訣就在於「你好」這句問候語。因爲在這句話當中，正包含了和平與共存、成功與幸福等無比眞義。

10

在一週內寄電子郵件給初見面的人

世界上沒有偶然，一旦結緣，就要好好珍惜。

——李健熙

企業家

在大企業集團核心子公司裡擔任採購的K副理有一項特別的習慣，當他在會議或聚會中認識某個人時，一定會在兩天內發電子郵件給對方，利用這個方式去開啓彼此溝通的管道。

K副理每天下班前，都會整理當天收到的名片。還有他會不厭其煩地回想名片背面記下的小抄，接著再將這些內容輸入到另一個整理好的檔案。小抄上的字體有如芝麻一般大小，這是他在和名片主人分手後寫上去的。

他在檔案中依序輸入姓名、所屬單位、職稱、住址之後，會再輸入見面的場合和時間。如果有值得加註的重點，他就另外標示在特別事項當中。K副理會在這一欄仔細記下從名片主人那裡聽到的談話重點。

這些內容包括剛考上研究所的另一半、爲遺傳性過敏而苦的子女、即將辦七十歲大壽的雙親等等家庭狀況，有時則是備註釣魚、攝影、登山、高爾夫等嗜好。

K副理說「善緣不會自動送上門」，眞正的善緣，不可能在你坐著不動時自己找上門來。

他認爲，當你遇到想進一步認識的人物時，不要等對方先靠近你，應該自己先主動大方地接近對方。他強調，如果你認為對方「遲早都會靠近自己」，而在原地等待，便很有可能一輩子都無法與對方結緣。

成功的人常擁有像蜘蛛網般交錯的良好人脈，不過我們追求的只是小小的成功，所以不需要將人脈建立到「四海皆兄弟」的程度。畢竟有些事不是光憑努力就一定可以做到，想擁有好的人緣，還必須具備政治人物的敏感度，以及像鯨魚筋肉般強壯的神經才可以。

我們在與他人維持良好關係的同時，若能在碰到困難時互相幫忙，就算是微不足道的小事，但也足以讓我們享受到更充實的人生。

在職場中也有很多人像K副理一樣，會利用電子郵件開啓與他人溝通的管道，以便能繼續維持這份關係。

接下來是具有十年以上職場經驗的人要告訴我們「利用電子郵件建立良好人脈的祕訣」。這是報紙和雜誌以職場人士爲對象，在進行調查後綜合整理出來的內容。

第一點，要在見面後的一星期內寄出電子郵件，最適當的時間是在隔天或是兩天後。最遲一定要在一星期內寄出。

時間相隔愈久，對方忘記我們的機率就愈高。一封連寄件人是誰都想不起來的電子郵件，不可能引起對方太大的興趣。

爲了喚起對方的記憶，郵件一開始可以先提到上次聚會的相關話題，後面再簡單描述自己想寫的內容。「您好，我是四天前曾在×××中和您見過面的〇〇〇。很高興能有這麼好的機會可以認識您。」用這種方式起頭，應該不會有什麼太大的問題。

第二點，郵件內容必須簡單扼要。最好能在郵件標題就點出自己想說的重點，本文部分則可以將自己想傳達的訊息放在前面，讓對方能在一分鐘內掌握郵件的核心內容。

郵件內容愈短愈好，如果不得已必須加長時，可以依不同主題分段，並在前面標上號碼，或是將關鍵字用粗黑的字體強調，好讓對方可以一目了然，也比較容易了解郵件的重點。

第三點，郵件避免同時寄給許多人。要將同一封郵件寄給多名收件人之前，最好能三思。有可能當對方看到收件人名單上一長串的郵件地址時，心裡會不舒服。因爲對方會認爲自己只不過是許多人當中的一個而已。

此外，有的人可能會因爲自己的電子郵件信箱曝光給不認識的人，就對輕率的寄件人感到不悅。再加上萬一收件人對排序比較敏感，當他清楚看到自己的名字被擺在最後面時，有可能會從此對寄件人產生反感。

第四點，要排除對方誤以為自己期待收到回信的印象。

電子郵件是人類史上最傑出的資訊交換手段。只要知道對方的信箱，你就可以用最經濟、最有效率的方式，聯繫國內、甚至全世界的任何人。偶爾還聽說曾經有人寄電子郵件給好萊塢的明星，結果眞的得到明星本人回覆的例子。

不過，電子郵件的特質其實也包括不一定能收到對方的回信。寄信是我們的自由，但是並不保證能得到回覆。

所以當我們寄信給初次見面的人時，如果內容含有期待回信的意圖，這是一種很冒險的做法，因爲很容易帶給對方一種沒禮貌的印象。

第五點，向對方略微表達關心。

會寄電子郵件給初次見面者的上班族可說不計其數，但是能做到像前面提到的K副理一樣的人，卻是少之又少。K副理的電子郵件經常令收件人感動，就用以下這段內容來舉例說明。

「〇〇〇處長，我是曾經在×××見過您的K。那天聽您提到，您的公子因爲遺傳性過敏而感到困擾，如果您願意，我想介紹您一個地方。」

K副理會留意傾聽每個人所提到的細節，並在散會後寫下來，以表示關心。有時甚至會幫忙找出解決的方法，然後用電子郵件告知對方。

曾經得到幫助的人，大部分都會珍惜與K副理的緣分。這些人在其他情況下，也有可能成爲會幫助K副理的人。

透過電子郵件建立交情，是一種在美國常見的人脈管理法。

以下是某大企業派駐美國的支社長親身經驗談。

他一到美國，就受邀參加參議院議員的晚宴。他在晚宴中和議員交換了名片，也寒暄了幾句，隔天他竟然就收到前一天才認識的參議員寄來的電子郵件，讓他嚇了一跳。

「昨天的會面眞棒，對於您的意見深感共鳴，但何時能夠提供給我捐款呢？這只是句玩笑話。爲了地方經濟發展，日後還請多多幫忙。」

11
正確喊出對方的姓名和職稱

「吉米，你的成功祕訣是什麼？」
「你認爲我的成功祕訣是什麼呢？」
「我知道如果有上千個名字，
你只要看到名字當中的第一個字，
就能完全記起他們的臉孔。」
「不，你錯了，我可以記得五萬個名字。」

——節錄自戴爾·卡內基與前美國郵政部長
吉米·法利（Jim Farley）的訪談

「廷俊赫先生，很高興認識您。久仰大名了。」

「我不叫廷俊赫，是延埈赫。」

「啊？喔……是是是。」

就是有這種人，一邊對你說久仰大名，一邊又隨便幫你冠上別的姓。「延」這個姓原本就是罕見的姓氏，經常會遭到誤認，但是上述情況實在很難取得別人的信任，因爲這句話本身前後就矛盾。

不只姓名，通常喊錯職稱也會讓對方感到不快。不，應該說當你喊錯職稱的時候，對方可能因爲面子問題而不敢親口更正，這種情況反而讓對方更爲難。

「金課長您覺得如何？」

問完這個問題後，如果發現對方的表情有些微妙變化，這就是一個危險訊號。每個人都一樣，不喜歡別人把自己的職稱降低，即使不是故意喊錯，但是從對方的立場來看，仍然有可能被誤解成是故意的。

其實我們身邊常會看到不擅長記憶名字和職稱、並爲此所苦的人。也許有時候可以安然過關，但隨著對象的不同，有時也可能因此付出極大的代價。尤其是每天要和許多人會面的政治人物或企業家，更是必須特別小心。因爲要記住每一件事確實不容易，但是職稱這件事，卻有可能由一個無心之過引發成口舌是非。

據說前美國總統柯林頓就不曾犯過這種錯誤。他從讀大學時就養成整理「人物筆記」的習慣，每晚都會將當天初識者的相關資料整理成目錄，內容包括對方的姓名、身家背景、特質等等，然後將這些都記在腦海裡。

當柯林頓第一次參選總統時，不僅選舉活動中的主要人士，就連義工的名字和個人背景，他都能正確記得，多次讓身邊的人訝異不已。

參與活動的人，當然會信賴、支持一位能正確叫出自己名字的總統候選人。一個極有可能當選總統的人，竟然能像朋友一樣親切喊出自己的名字，這是件多令人感動的事。

無論是誰，大家都喜歡能夠認出自己的人，而且很樂意為這樣的人盡心盡力，以便能再次體驗這種滿足感。

健忘是人之常情，要正確記住剛才打過招呼的人是誰、職稱是什麼，並不是一件容易的事。尤其是同時和好幾個人打招呼時，忘記名字更是在所難免。

除非刻意花心思記住這些資訊，否則很難在腦海裡形成記憶。大腦覺得記憶東西很麻煩，所以具有在短時間記憶之後就立即刪除的特性。

記憶分成短期記憶和長期記憶。短期記憶很快就會忘掉，比如我們可以將紙條上的電話號碼暫時背下來，然後根據記憶去撥號，但是等到講完電話以後，這個記憶也就消失了。

至於因經常撥打而記下的電話號碼，就屬於長期記憶。有可能原本只是短期記憶，但是在經常複習後，就轉變爲長期記憶。以電腦來比喻，短期記憶就像記憶體RAM一樣，而長期記憶就相當於硬碟。

如果腦部能像硬碟一樣，把所有人的名字和職稱全部記憶起來，發生好事的機率就會大爲提升，甚至還能發展出自己特有的競爭力。

每家公司裡，總有幾個記憶力比較好的同事。他們在回想初識者的姓名和職稱時，常發揮驚人的能力。爲什麼他們可以善用這種特別的能力？是因爲智商比一般人高嗎？

當然不是。可是如果仔細觀察他們，你會發現他們確實有些地方和我們不同。

當他們碰到初次見面的人，一定都會把對方的臉看清楚，同時聆聽對方講的話。如果對方的職位比較高，他們依然會大方地正視對方，感覺彷彿帶有幾分傲氣。接下來他們會再一次交替看著名片和對方的長相，並找機會與對方交談。爲了在那一刻記住對方，他們會不斷對「懶惰的腦」施加壓力。

和剛認識的人打招呼，我們同樣也會接過名片、向對方問好，這些做法並沒有什麼不同。不過如果是將來沒有機會再碰面的人，我們會隨便地含糊應付，就算將來有可能再碰面，我們也是抱持「其他人自然會看著辦」的偷懶想法，總之，就是不想花心思動腦。名片隨便看一下，對於介紹的內容也是漫不經心地聽。

等幾個人聚在一起聊開之後，要聽到彼此名字的機會就更少了。有時雖然很想掏出口袋裡的名片再確認一下，但是又怕失禮，只好忍了下來，一直到散會。也就是說在這個過程中，你連對方的名字都不知道。事後不僅找不到名片，對那個人的記憶也是一片模糊。這時要想起對方名字的機率已經完全變成零。

但是當你和這些人再度意外相遇時，會發生什麼事？

「上次好像在哪裡見過面，您是那個……」

如果只是自己丟臉，那還算幸運，怕的是萬一將來有生意上的往來，很可能合約就談不成了。從事行銷業務多年的人，對這種事一定不陌生。即使不是本人碰到，應該也聽說過前輩之間這一類耳熟能詳的傳聞。

這種錯誤很難挽救，因為你已經被對方列入黑名單了。

再把話題轉回到記憶力超強的同事身上。

這些同事在名片上看到陌生的漢字時，都不會在意面子問題，直接就請教對方：

「我沒看過這個漢字，這是『式』字，對嗎？」

這樣問好像顯得很無知，而且當他們看到比較特別的名字時，還會失禮地問對方：

「名字好特別啊，是不是有什麼特別的含意？」

但是，對方並不會覺得這樣無知或失禮，他們反而會表現出善意，一一回答你的問題。對方非但不認爲你無知或無禮，甚至還會覺得你是關心自己、充滿誠意的人。

記憶達人的聊天方式也與別人不同。他們會正確記住初識者的名字和職稱，而且會經常掛在嘴邊喊，就像以下這樣：

「洪吉童課長！您有沒有其他意見？」

「彙整洪吉童課長的發言內容，爭論的問題點已經減少到三項，所以今天的會議可說相當具有意義。洪吉童課長建議，希望下次會議能針對這三項問題進行集中討論。」

記憶達人為了牢牢記住，所以故意多喊幾次。這樣做等於是藉由複誦的方式，將名字和職稱的短期記憶不斷重複，進而轉換成長期記憶。等到複誦的印象自然深植在腦海中後，就會簡化為只稱呼姓和職稱了。

經常正確喊出對方的姓名和職稱，也會帶來額外的收穫。別人會對你產生聰明的印象，這樣做也能讓當事者心情愉快，進而對你產生好感。不過記得要適可而止，畢竟刻意長時間的重複也有可能帶來反效果，這點要特別注意。

12

剪掉信用卡

何謂「負債」？
它是人們自己所製造、且在自己受騙後，
明明知道卻還讓雙腳陷進去的圈套。

——喬希．比林斯（Josh Billings）

作家

W先生每年都有一項例行性的活動。每當新的一年到來時，他總會收到多家銀行寄來的掛號信，這只能怪他有太多銀行界的朋友吧。掛號信裡裝的不是別的東西，而是信用卡。因爲無法拒絕朋友的請求，只好申請辦卡，好幫朋友衝衝業績。

他從太太收下的信件裡拿出信用卡，接著就毫不遲疑地拿剪刀剪掉卡片，太太也拿剪刀幫他，直到把卡片剪成支離破碎、無法辨識爲止。

大部分三十歲世代的夫婦，都嘗過信用卡帶來的痛苦。也許是因爲剛出社會時無節制的娛樂消費，也許是因爲購物時所產生的卡債，總之大家都有事後懊惱、悔恨的記憶。有的人甚至不斷自我安慰說這是「最後一次」，最後連工作都不保，因此墜入地獄般的深淵。

W先生和太太也有過類似的經驗，所以他們的原則是不使用信用卡。W先生曾被不斷增加的卡債嚇到好幾次，於是決定外出時不帶信用卡，經過一年之後，總算讓家庭重新找回安定的生活。

這對夫妻後來以Visa金融卡（譯註：韓文稱爲Check Card）取代信用

卡。Visa金融卡與信用卡不同，兩者間的差異在於當你使用金融卡消費時，會直接從帳戶中扣款；信用卡則是憑藉信用付款，然後必須在固定繳款日前還款。

使用Visa金融卡可以將消費金額控制在帳戶餘額之內，藉由系統對過度的「閃靈刷卡衝動」進行根本的封鎖，讓消費習慣變得更為穩定。使用Visa金融卡還有另一個優點，就是可以隨時確認帳戶餘額，尤其在景氣不好時，這種方法有助於抵擋消費的誘惑。

Visa金融卡外觀的設計和大小幾乎與信用卡一樣，並沒有什麼特別之處。這也許是金融業者認爲有些消費者覺得沒帶信用卡是件丟臉的事，所以故意設計成這樣。其實用不著不好意思，因爲不會有人留意你用的是哪種卡片。

目前在韓國也有具備搭乘大眾交通工具後付款功能的金融卡。有些卡片公司甚至提供不輸信用卡的聯合折扣服務。

W先生說：「申請Visa金融卡時，最好一併申請手機簡訊的通報功能。」他解釋說，這樣除了可以預防卡片遺失遭盜刷之外，還可以在手機裡記錄消費金額，讓帳戶餘額管理更方便。

通常他會放兩張Visa金融卡在皮包裡。一張是兼具主要交易銀行的提款卡功能，另一張則與綜合金融公司的CMA帳戶（一種用存款投資匯票或債券，然後將獲利分配給客戶的實績配置金融商品）連結。

從「用錢的方式」來看，Visa金融卡和信用卡沒什麼不同，兩者同樣都是可以藉由刷卡輕易地購物。然而，因爲付款方面的小差異，結果卻對卡片主人的生活產生決定性的改變。

原因在於Visa金融卡只是號稱「代替現金」，信用卡卻是「借貸消費」。帳戶裡沒有現金，Visa金融卡就無法用來消費，但是信用卡不一樣，它很有可能鼓勵一種無懼於負債的消費習慣，這種對負債失去警覺的消費習慣，會在個人生活上招來經濟性的災害。

W夫婦剪掉信用卡，改成使用Visa金融卡，成功地在理財方式上進行基本的革新。由此可見，Visa金融卡可說是扮演著開啓家庭經濟改革大門的關鍵性角色。

只要薪水一匯入帳戶裡，W先生就會先把要存下來的錢轉帳到現金管理帳戶，並將生活費存進家庭用的帳戶裡。剩下的零用錢就留在原有的帳戶，作爲Visa金融卡扣款之用，以節制花費。手機電話費與公共事業費用等就申請自動轉帳扣繳，以避免產生滯納金。

很多人想當富豪，但眞正能夠有錢的人很少。靠自己的力量成爲富者的人都一致認爲：

「當富者的第一步毫無例外，都是從控制消費開始。」

然而，很多人對這句話都抱持懷疑態度。

「明明有其他方法可以賺更多的錢，爲什麼要告訴我這個方法？」

夢想賺大錢的人忽略了一項事實，那就是錢賺得愈多，花得也愈多。如果是這樣，還是一樣無法存錢。

想當個有錢人，就必須培養先儲蓄、然後將剩下的錢當生活費的習慣。這種習慣的養成，需要果斷的決心和執行力。

剪掉信用卡，就可以根絕問題的源頭。因爲只要帶著信用卡出門，先儲蓄、再消費的習慣隨時都有可能被打破。

然而，即使導入「先儲蓄，後消費」的生活模式，大部分的人仍會在實行幾個月之後又放棄。不過，原因倒不是這種生活會帶來痛苦，畢竟減少支出還不至於讓日常生活陷入困頓。

有人之所以放棄這種生活模式，主要是受不了隨之而來的枯燥乏味。他們無法適應每日一成不變的生活，因爲零用錢一旦減少，下班後就得馬上回家，晚餐也是有什麼就吃什麼。可是當他們打開電視時，畫面出現的竟是五彩繽紛的世界，每個人都可以隨意花錢，過著充裕的生活。相形之下，自己的單調人生彷彿沙漏般反覆來來去去，不禁爲此感到心酸。

傳奇性投資大師華倫．巴菲特每當碰到有人問他成為富翁的祕訣時，他總是這樣回答：「儲蓄和投資。然後再儲蓄、再投資。」

13

興趣是你一輩子的同伴

我的活力來源是午睡。
沒有睡午覺的人，生活就感覺不怎麼自然。

——邱吉爾

前英國首相

多年前，H集團會長因爲發行攝影集而引發話題。攝影集裡收錄了他在十八年間遊遍世界各地所拍攝照片中的一百二十六幀，內容獲得專業攝影師的高度評價，稱得上極具水準。

會長是第二代的「攝影迷」。聽說打從中學時收到父親送的照相機禮物之後，他就想將攝影當成一輩子的好朋友。後來，會長的兒子也愛上攝影，所以這項嗜好已經延續了三代。

他們父子隨時都把照相機帶在身上，目的是爲了避免錯過任何想留存的場景，而這也等於將嗜好與日常生活做靈活的連結。

會長在攝影集的前言提到：「這些照片將瞬間化爲永恆的美麗，讓我們領悟到那些被忽略的日常點滴有多麼珍貴。」他還透露說：「背著父親送的相機到世界各地旅行，鏡頭裡蘊藏的回憶至今仍清晰留存心底。如今我和我的兒子一起接續這個傳統，藉由照相機寫出屬於我們的故事。」

透過攝影這項興趣，可以重新發現那些平日不經意間流逝的時光有多麼珍貴。此外，會長藉由照片可以回味與父親共同度過的珍貴記憶，甚至下定決心也要與兒子一同創造這樣的回憶。

有位大老闆則是沉醉於「玩樂器」。一位鋼鐵公司的會長和他的夫人，每星期都會撥出一小時的時間練習薩克斯風。他覺悟到必須認眞練習，總有一天一定要在同仁面前表演。另外有一位電子公司的社長，因爲在公司的活動中表演薩克斯風，精湛的演出博得員工滿場的歡呼。

韓國數一數二的企業集團副會長，眾人皆知他具有專業級的鋼琴演奏實力。某家物流公司社長也在公司的尾牙晚宴中表演古典吉他，讓員工大吃一驚。

在這些企業老闆的興趣當中，最常見的就是登山和打高爾夫球。就登山而言，許多大老闆都說在一步步走向遙遠山頂的同時，可以利用這段時間省視自己，感覺非常好。有好幾個大老闆的身手還不輸給專業登山家。有一位保險公司老闆從南極探險回來後，又出發挑戰聖母峰攻頂，而且決定每升高一公尺就捐一千元韓幣，讓許多人訝異不已。

至於喜歡高爾夫球的老闆，則認爲可以藉由高爾夫球比賽來體驗所謂的經營管理遊戲。在體力等條件各不相同的三名同行者面前，會出現多次需要做出抉擇的時刻。這些老闆因而領悟到每位參賽者都應該控制自我，知道何時要慎重、何時要果決，而且要爲自己的選擇付出代價，然後朝成功邁進。

你可能會好奇地問：「到底是什麼原因，讓許多大老闆如此熱衷於微不足道的嗜好？」畢竟再怎麼了不起的興趣，和管理一家公司相比，確實是微不足道。

一位在某大企業祕書室工作許久的職員作了以下說明：

「每天要思考如何決策，這種壓力很大。因為一個無心的決定，可能會導致公司出現重大的變化。責任的束縛是件苦差事。由於無法擺脫，所以才會有從其他事物尋找快樂、紓解壓力的傾向，這個方法就是培養嗜好。一旦投入嗜好、造詣加深，對於人生哲學的認知也會更加深刻。」

英國維京集團的總裁理查・布蘭森（Richard Branson）因爲一項獨

特的興趣而知名。他是億萬富翁，擁有分布於三十個國家的兩百多家公司，像是航空、唱片公司、飯店、手機、娛樂、網路等等多元化事業。

其他企業執行長多半喜歡打高爾夫球、騎馬、坐快艇之類高級奢華活動，布蘭森卻不同，他喜歡坐熱氣球橫越世界各地。他說：「冒著生命危險坐熱氣球旅行，讓我展開無限的想像翅膀，新的挑戰也從此開始。」

布蘭森與蘋果的賈伯斯一同被選為「全球最具創造力的兩位管理者」。

經營者不會獨享嗜好所帶來的樂趣，他們會推薦自己喜歡的事給員工。經營者和一般人沒有什麼不同，對於好的事物喜歡分享更勝於獨享，所以他們也會關心員工的喜好興趣，而且不吝於提供各項補助給公司社團。

某家大型建設公司老闆是公認的古典音樂迷。他總是強調：「就是因為經營建築公司，所以更應該多聽古典音樂。」他的論點認為，必須在建築的工學內涵結合古典的感性，才能創造出新的時代。他鼓勵員工多參加文化、藝術等活動，有時還會直接買票帶員工一起去。

興趣能喚起好奇心，也讓人不斷挑戰新的領域。當我們發現新事物時，在積極探究的過程中，腦部會分泌一種叫多巴胺的物質，使我們因爲投入神祕新奇的事物而產生愉快的經驗。

興趣，原本只是私人領域中的小型休閒活動，不過近來有企業開始介入、並補助員工休閒活動的趨勢，但是這種投資不是爲了員工個人，而是爲了公司。企業並非因爲資金過剩，才去補助員工的社團活動，而是希望員工能夠藉由培養興趣獲得更好的發展。

每個上班族都是自己工作上的專才，他們會以該領域最新、最尖端的資訊爲基礎，隨時向公司提案，做出決策。然而，他們在興趣方面是業餘的。當然，他們很可能具備豐富的相關知識，也比別人更擅長，並得到他人的稱讚，但他們沒辦法靠興趣維生，所以只能算是這方面興趣的通才。

經營者希望工作上的「專才部分」能與興趣上的「通才部分」形成調和，期待毫無連結的事物在不協調當中找出協調之處。

只要能將興趣與工作結合，就可以一邊工作、一邊玩，或是帶著工作去玩。這個過程不僅可以提升技術，也可以讓人體驗到個人發展的愉悅。興趣提供工作時的靈感，工作則是變得像興趣一樣快樂，想像力因此不斷受到刺激。新的嘗試接連產生，並且超越了現有的觀念與秩序。這正是傑出的創意得以出現的過程。

企業之所以補助員工休閒嗜好的另一個原因，是希望員工過得更幸福。它的用意是想幫助員工藉由興趣休閒來調節工作上的壓力，讓工作與休息獲得最佳平衡。這也代表經營者已經體認到，只有當員工幸福時，公司的未來才會更光明。

想從令人窒息的忙碌生活中解脫，尋找一個可以讓自己稍微喘息的時間與空間，興趣正好可以將我們帶往那裡，讓我們忘記所有的煩惱與角力，盡情享受它帶來的快樂。

我們每天庸庸碌碌過日子，終有一天會突然發現自己只是孤單一人，沒有人可以陪自己一起走過那些孤獨的時刻。

爲了因應這一刻的到來，我們應該先交個終生的好朋友，這個好朋友的名字就叫「興趣」，包括繪畫、攝影、賞鳥、登山等等日常的休閒活動。雖然跨出的只是一小步，但是它所帶來的改變會持續一輩子。除非我們先放棄，否則興趣會一直陪伴我們，使我們不再孤單。

性格或人品都是與生俱來的本質，這部分很難改變。要期待一個人在本性上有所改變，實在強人所難。

但是像興趣這種事，卻是只要下定決心就可以輕易改變的。這代表只要我們有心，仍然可以透過一些微小的事物，讓自己過得更幸福。

14

三秒之後再回答

即使問題來得很急，也要慢慢回答。

——義大利俗諺

我的個性原本就不善於拒絕，所以每當聽到有誰說些令人惋惜的話時，我就會附和地回答：「嗯，沒錯。」

因爲這樣的性格，引發了一件令我狼狽不堪的事。

有一天，一位老朋友忽然和我聯絡，他說人就在附近，想過來和我見個面。雖然感覺不怎麼好，但我還是說不出拒絕的話。畢竟多年以前，我們曾經是要好的朋友。

朋友聊著瑣事，聊了好一會兒，最後終於明白說出他來找我的目的。

「你，是不是能夠睜一隻眼、閉一隻眼幫我這個忙，一次就好……」

其實我根本不該答應這個要求，因爲這不是我吃一點虧就可以解決的事。

然而，我無法拒絕他人的這種性格，就在此時出現。

不知爲何，我竟然這樣回答他：

「啊……這樣嗎？嗯，也不過就一次……」

從那時候起，我後悔了好幾天，而且爲此煩惱不已。身邊的人都勸我：

「趁事情鬧大之前，趕快脫身吧。」

我鼓起勇氣打電話，朋友也開心地接電話。一聽到他的聲音，我突然覺得腦海一片空白，不知該說些什麼。

「這……對不起，我仔細考慮了一下，那天答應的事可能幫不上忙了。」

要破壞一段長久的關係，只需要幾秒鐘的時間。他的內心被拒絕的弓箭狠狠地傷害，幾句道歉的話，恐怕也很難讓傷口復原。

都是我的錯，沒考慮清楚就答應他，結果卻對他造成更深的傷害。因爲剛開始讓他滿懷期待，沒想到又突然反悔，反而使他跌入失望的谷底。如果一開始就拒絕他，或許可以避免讓他受到這種不必要的傷害。

在職場生活中，有時難免會說錯一些無心的話。這些話在我們慌張或困擾的情況下倉促說出口，經常沒有考慮到事情的前因後果。在和對方談話的過程中，我們說的話開始出現矛盾，使我們逐漸處於劣勢。儘管不經思考的話只是出於無心，對方卻可能將它視爲謊言，因而對我們招來嚴重的影響。畢竟就對方的立場而言，「與事實不符的話」或「無法遵守的諾言」，就和謊話沒兩樣。

韓國一家研究所曾經以韓國企業的執行長爲對象進行調查，結果顯示，經營者最不喜歡的員工類型就是「會說謊的人」。沒想到不小心說出的一句話，最後竟然被老闆當成謊話。

調查結果分析還指出，這些老闆對員工的「嘴巴」特別敏感。除了最討厭說謊的人之外，其次討厭的類型是只會用嘴巴做事的人，以及喜歡辯解或找藉口的人。

經過這次令人困擾的事件之後，我開始養成「思考三秒後再回答」的習慣。要養成這種習慣並不難，而且對方也不會因爲你回答得比較慢，就感到不耐煩，或是看不起你。

三秒後回答的習慣，反而能爲我們的生活帶來許多好處。三秒鐘的時間可以讓我們冷靜思考，然後拒絕一些不該答應的請求。當場拒絕雖然會不好意思，卻可以讓自己的心情坦然，也能避免帶給對方不必要的期待。

每個人都一樣，當碰到有什麼問題迎面而來時，就會急著躲開，結果卻在倉皇間犯下錯誤。這是人的本能，但是請記得別馬上反應，要在蒐集外部資訊之後，利用三秒鐘的時間讓理智發揮作用，這樣就可以防止在倉促之下犯錯。

在從事行銷實務的人之間，流傳一項所謂的「三秒鐘法則」。一位優秀的行銷人員在接受客戶的詢問時，一定會等三秒鐘之後再回答。而且自己向客戶提問時，也會先客套一下，等三秒鐘後再說。

人很貪心，總希望在有效的時間內得到最好的成果，所以會急著表達，然後想要盡快知道答案。但上面提到的行銷人員竟然願意多等三秒鐘，因爲這樣反而能縮短和客戶溝通的時間，並得到更好的效果。

不同的人，有的會覺得「不過是三秒鐘」，有的卻會覺得「漫長的三秒鐘」。能力好的人可以將這三秒鐘做最有意義的充分利用。對他們來說，三秒鐘就像是一條快速道路，表面上看起來雖然有些延遲，其實卻是一條最快達到目的地的捷徑。

三秒鐘法則也可以應用在面試的時候。當面試者問問題時，不要馬上回答，先思考三秒鐘後再回答，這樣可以給對方做事謹慎的印象。

專家曾經針對三秒鐘法則可能帶來的利益做出以下整理。

三秒鐘法則所能得到的效果：

- 雙方可以對所講的話稍作修飾，以正確表達自己的意思。
- 可以再次思考對方說的話，然後提出問題或是做出附和的回應。
- 三秒鐘的時間累積起來，可以增加談話過程中彼此的思考時間，使邏輯更加清楚。
- 可以使彼此的用語和主張更加準確，避免產生誤解的可能性。
- 可以做多方面的考量，提供對方更好的構想。

・可以增加對彼此的信賴，進而影響對方的態度。

語言是足以影響情緒的觸媒劑。當你說出「肚子餓死了」或是「煩死了，他怎麼還沒來？」之類的話時，當下的感覺也會傳達給對方，讓對方感到飢餓或是焦躁。

人的潛意識，具有將語言和行動一致化的傾向。口中說出負面的話時，內心的情緒和行動也會變得較負面。同理，正面的話也一樣會影響到心情和行動。

在相愛的人之間，三秒鐘法則也可以發揮作用。人往往是很快就會忘記別人對自己說的好話，但是不好的話反倒會記得很久。

傷害別人的話，似乎很輕易就能脫口而出。話傷人的威力愈強，帶給對方的傷害也愈深。還有，我們常對遭遇過挫折的人說：

「你看吧，早就知道會變成這樣。」

這句話對曾經受過傷的人來說無疑像一把匕首，狠狠插在心上。原本還鼓勵對方嘗試，沒想到態度突然轉變，殘忍地撇清責任，責怪對方說：「我早就勸過你，是你固執不聽，所以應該自行承擔失敗的後果。」

與整個人生相比，三秒鐘實在微不足道，而且很難賦予它任何意義。不過有些人卻有可能因爲無法忍耐三秒鐘，結果批其逆鱗，惹到別人。

「逆鱗」的典故出自韓非子的《說難》。韓非子說，龍是可以馴服騎乘的，但是在龍的喉嚨下方有著直徑約一尺長的倒生鱗片，這就是「逆鱗」。原本可以馴服龍、騎乘在龍背上的人，如果隨意去撫摸龍的喉下逆鱗，龍就會很生氣，甚至殺死主人。

每個人都有自己的逆鱗，在相處一段時間後，你會在某一瞬間突然發現到對方的逆鱗。從這時候起就分成兩種人：一種人是裝做不知道，然後想一些肯定正面的話題來說；但是還有另一種人，會馬上碰觸對方的逆鱗，使對方懷恨在心。

我們要當哪一種人呢？一、二、三！

15

一邊聆聽一邊附和

說話是知識的範疇，
聽話則是智慧的領域。
——奧立佛・溫德爾・霍姆斯（Oliver Wendell Holmes）
法學家

美國的心理學家瑪塔瑞佐（Joseph Matarazzo）博士藉由波特蘭市警官與消防官的應徵面試過程，進行一項有趣的心理實驗。

瑪塔瑞佐博士以二十名應徵者爲對象，分別對他們進行十五分鐘的面試，並在過程中仔細觀察。面試者向應徵者提出關於工作、學歷、家族關係等各項問題，然後對他們採取兩種迥然不同的回應態度。當A組的應徵者回答問題時，面試者會認眞點頭回應；當B組的應徵者在回答問題時，面試者則是完全不點頭。

瑪塔瑞佐博士在面試結束後，發現這兩組應徵者之間有個明顯的差異。那就是A組應徵者說的話會比B組應徵者多出約五〇%，另外，A組對面試有較爲肯定的評價，滿意度也相對較高。

從實驗中可以證明：聽者的態度確實會對說者產生不小的影響。

就舉我在保險公司當業務的朋友H爲例說明。H現在是保險公司的分公司社長，在他從事保險沒幾年時，就已經得到最佳保險業務員第一名。

當他首度拿到第一名時，與他熟識的朋友都認爲這是年度最不可思議的事。H以前在學校個性內向，而且容易害羞，連站在台前發言都有困難。許多人光聽到他從事保險業務，就已經跌破眼鏡了，沒想到他入行沒幾年就拿到最佳業務員大獎，朋友當然認爲這件事是年度最不可思議的事。

後來我們終於等到機會，可以親自向H確認。在一個H出席的聚會裡，有位朋友問H：

「你是用什麼方法拉保險的？爲什麼可以拿到這項大獎？記得你連參加聯誼、坐在女孩子面前都會臉紅，這好像還是不久前的事……你到底是用了什麼訣竅？」

H微笑地回答：

「我的話本來就不多啊，所以和客人碰面時，我就認眞傾聽，眼睛看著對方，同時還一邊附和……沒想到卻因此簽下許多合約，大家甚至還介紹新客人給我。這樣下來，我自然就拿到第一名了。不過最好笑的，是在諮詢結束後，很多客人還對我說『你眞是會說話』。」

我們在與初次見面的人談話時，通常會用特定的方式與對方互動，這個模式大致可以分爲兩種：一種是我要不要先聽對方說什麼，另一種則是我是否要先開口說話。

懂得傾聽的人，會讓對方感到心情愉快，同時也能得到對方的好感。優先讓對方說出想說的話，自己想說的話擺在其次，這時說話的人會因為你專注聆聽，覺得自己受到重視，所以心情特別好，當然也就覺得和你談話是件愉快的事。

第一印象就是由此而來。很多時候，好印象都是來自於願意傾聽對方所說的話，而不是因爲自己說了什麼讓對方感動的話。

不過如果是一段不愉快的談話，通常沒有任何一方想聽對方說什麼。兩個人都爭先恐後搶著說話，只希望對方聽進自己的看法。這是難相處的人會有的特徵。

善於傾聽的人並非只是豎起耳朵聽而已，傾聽也是有祕訣的。最常使用的傾聽祕訣，就是向說話的人提出問題。隨時提問，可以讓對方了解自己是否理解，說話的人也可以調整步調，配合聽者的程度來作說明。這種過程，能讓對話達到更深入的境界。

此外，配合對方的優缺點來附和，這也是不錯的聆聽方法。這樣能使說話的人覺得特別開心。

還有一項祕訣就是眼睛一邊注視對方、一邊點頭。點頭雖然只是一個小動作，但它也是一種重要的意思表達。隨時用點頭的方式來表示自己完全理解，這可以激勵說者的情緒，如此一來也能爲自己帶來好處。

舉例來說，坐在教室前排、課堂中不停點頭的學生，通常成績會比坐在後排的學生來得好，台上的講師甚至想送禮物給這些專心聽講的學生。音樂會的場合也是一樣，當聽眾的反應熱烈時，歌手自然會想再多唱一首安可曲。人在感覺自己完全被對方理解時，心中就會很樂意回報對方的知遇之恩。

人在年幼的時候，就會從母親身上學習到「附和」是多麼偉大的一種溝通能力。如果說溝通能力的培養要靠附和，這句話一點也不誇張。

當幼兒還在牙牙學語時，母親就會在一旁敲邊鼓，附和孩子說：「喔～」「好棒、好棒」「喜歡嗎？」孩子覺得母親的應和很有趣，就會一直試圖開口說話。藉由這種過程的累積，孩子最後終於開口說話。由此可見，想理解別人或被別人理解，附和都是一項不可或缺的要素。

愈是能聆聽、附和對方，蒙受損害的可能性就愈低。反過來說，當你沒向對方表示出誠意時，吃虧的也會是自己。

當別人在發表意見時，如果你爲了想表現自己會拿「第一」的氣勢，故意擺出冷漠高傲的態度，這樣最後什麼也得不到。因爲當你想讓發表者丟臉受挫時，其實反而是封鎖住自己能聽到更多建議的機會。至於那些專心聆聽的人，會在確認發表全部結束之後，注視著發表者鄭重提問。即使發問時是看著書桌或是其他人的臉，發表者也不會因此感到受辱。

美國諮商專家的收入排行榜中，很意外地，名列榜內的人多半不是本土的美國人，反而是以東方爲主的移民。

至於原因，卻與常理相反。就是因爲他們英文不好，才能占有優勢。由於他們的英語表達能力不好，所以盡可能減少開口說話，當委託人在傾吐內心的苦衷時，他們會以附和的方式取代回答。

「喔，天啊！」

「這樣子嗎？」

「這是很好的選擇。」

因爲積極附和對方，所以反而得到較高的滿意度。從這點來看，我們可以說傾聽的能力比英語實力來得更重要。

善於傾聽的人，具有讓自己快樂、也讓周遭所有人快樂的能力。只要這種人在場，會議或聚會的氣氛就會具有發展性與生產性，而且充滿活力。

總結來說，善於傾聽他人說話的人，雖然自己說的話比較少，卻是一個說話達人與協商溝通的高手。在聆聽習慣上的小差異，最後反而能得到極大的收穫。

16

別按關門鍵

無欲速，無見小利。
欲速則不達，見小利則大事不成。
——《論語》

從前有一對老師和學生。

在某個風和日麗的春日裡，老師對讀書讀得很疲倦的學生說：

「我們找一天出去郊外散散心吧。」

但是過了幾天後，老師卻沒有再提起這件事。

學生不得已，只好提醒老師。

老師卻對他說：

「現在沒辦法去郊外，再過一陣子吧。」

之後又經過很長一段時間，老師依然沒有任何行動。

學生再也無法忍受，就直接開口問老師：

「老師，那個大不了的郊遊，我們到底什麼時候才要去？」

老師回答說：

「現在太忙了，再稍等一下吧。」

又經過一段時間之後，有一天，學生站在庭院看著路過的送葬隊伍，

老師出來問他：

「你在看什麼？」

學生問答：

「那個可憐的人一天拖過一天，如今終於被別人抬著去郊外散心了！」

如果不撥出時間去做自己眞正想做的事，那你就會被該做的事淹沒，一直忙下去。

——達賴喇嘛

當我們搭電梯時，常會發現電梯的關門鍵幾乎已經磨損到無法辨識的程度，有的甚至還出現了凹痕。和斑駁的關門鍵相比，開門按鍵則保持著原來的完整模樣。

這是必然的結果，因爲一百人當中大概一百個都一樣，在按下想去的樓層之後，手指頭會很自然地移向關門鍵，然後毫不考慮地按下去。有的人甚至在門關到一半時，還心急地不斷用指尖按關門鍵。經過這麼多人的按壓摳刮，按鍵當然沒有辦法維持原狀。

電梯關門不過是幾秒鐘的時間，我們到底在趕什麼？有什麼大不了的事嗎？真的連這幾秒鐘的時間都無法等待，非得急著關門嗎？

總之，或許不是因爲忙碌，而是因爲擔心些什麼事吧。我指的是擔心在等待電梯門關閉時，又有其他人跑進來搭，因而延遲電梯升降的時間。也就是說，擔心他人造成自己可能的損失，於是連等電梯關門這幾秒鐘的悠閒都完全失去。

我們對速度中毒已深，使得等待成爲一件最困難的事。速度的重要性超越了一切。像是網路速度如果稍微慢一點，我們就會馬上向電信業者抗議；線上購物的商品宅配如果晚個一、兩天，我們也吵著要取消訂單。甚至小孩都還沒上國中，我們就急著讓他提早學習國中的主要課程。

速度超越一切的結果，使我們很久沒有品嘗到慢工出細活的愉悅。「慢慢來」被認爲是早就送進博物館的古老文化，現在的我們只想講求用最快的速度達到目的，而且一定要拿到第一名才甘心。

爲了賺得更快、更多，所以特別覬覦大塊肥肉。投資買股票時，只要看到股價下跌，就開始分心無法工作。原本用平常心買進的基金也一樣，隨時都要盯著網路，然後再打電話責怪營業員。

「你看，已經虧損七％了，該怎麼辦？」

「先生，請再等等看。股票市場原本就有起伏，只要等到反彈，就有出脫的機會。現在利空題材比較多，短期間要漲會有困難……」

「那你的意思是叫我賣，還是叫我不要賣？」

「先生，我的意思是再觀望一段時間……」

「啊！煩死了。所以你是叫我賣，還是叫我不要賣？」

像這樣一味心急，即使明知有更好的機會，但最後還是按下了關門鍵。當你贖回基金時，結果就肯定是賠錢了。

明明是自己按下機會的關門鍵，結果卻將勸我們「多等一下」的人當成箭靶。說來遺憾，但這確實是我們自己的寫照。

我們如果讓自己盲目趕時間，就等於按下思考的關門鍵。因爲沒有時間等待，很多致命的錯誤就會在這種時刻爆發。為了避免這種失誤，我們需要一點小小的空閒，也就是說，不管怎麼忙碌，都要勉強自己保留一點可以喘口氣的時間。

電梯門通常設定在開啓七秒後關閉。以十五人搭乘的電梯為例，如果是二十層的大樓，那麼在不按關門鍵的情況下，關門的次數會從一百八十次降低為一百四十五次。這樣一來，電力就可以節省二〇%。

聽起來也許好笑，不過聽說人的急性子可以從三方面的習慣看出來。第一個就是前面所提到的「一進電梯馬上按關門鍵」；第二個是在紙杯還沒掉下來之前，就先把手伸進咖啡自動販賣機裡等；第三種是烤盤上的五花肉還沒熟透，就急著要沾醬吃。雖然聽起來有趣，但心裡還是莫名覺得有些難過。

很多事情的進展，都是來自一些小小的空閒。必須有充裕的時間，我們才能環顧四周，訂出新的計畫，追求更進一步的發展。

朝鮮初期有一種名爲「賜暇讀書」的制度，這是一種提供休假、讓人讀書的制度。原本的出發點，是要導正官吏在錄取官職後經常以工作爲藉口而不讀書的歪風。但是隨著當初的目的逐漸發展，如今已經轉變成兼具自我開發及照顧家庭和關心子女教育的意義，也就是所謂的「這是皇命。請再充電吧！」

這個空暇可以讓官吏有時間去思考新政策，這也對朝鮮初、中期的繁華帶來相當程度的影響。

要從今天開始試試看嗎？把朝向關門鍵的手指頭收回來，嘗試保留一點小小的空閒。

利用這點小小的空閒，我們可以抬頭看看天空，進而創造出更大的空間。偶爾抬頭看天空，可以讓我們培養重新發掘身邊新奇事物的眼光。自此之後，我們就可以感受到生活中逐漸增加的溫度。

這件事一點都不難，只不過是一項小而簡單的嘗試。移開放在生活關門鍵的手指，耐心等待。如果看到什麼人，就輕輕按下開門鍵，等他進來。這件事眞的一點也不困難。

17

少吃一口飯

節制，份量不要多，對所有事物淺嘗輒止，
是幸福和健康的祕訣。

——茱莉亞．柴爾德（Julia Child）

烹飪名家

英祖是朝鮮時期最長壽的君王，享壽八十三歲。當時的百姓平均壽命只有二十四歲，由此可見英祖當時的身體有多麼健康。

以現代科學的角度來解開英祖長壽的祕密，答案其實很簡單。他並沒有服用山蔘或熊膽之類的補藥，長壽的祕訣就在於他的「少餐」——吃比較少的飲食習慣。

依照慣例，朝鮮時期的王族通常一天要吃五餐。除了早餐、午餐、晚餐等三餐之外，還要再加上下午的點心與晚上的宵夜，總計五餐。也就是說，幾乎一整天都會準備豐盛的食物，讓他們愉快地享用。

但是英祖和其他的王族不同。他對於美食似乎沒有太大的興趣，一天只吃三餐，而且聽說食量很少。最特別的是，他不喜歡吃白米飯，而是偏好雜糧類主食。

雖然現代人都知道暴飲暴食對身體不好，但這種常識在當時並不普及，而且一般平民百姓終生的心願，就是能「吃白米飯塡飽肚子」。就時代上的對比來看，英祖當時的食性的確很特別。

如上所述，英祖之外的大部分君王一天要吃五餐，而且多半以米飯與麵食等碳水化合物爲主，也因此他們多半患有糖尿病和肥胖等成人病。對朝鮮的君王來說，這些成人病就像是職業病，而他們的平均壽命是四十七歲。

暴飲暴食是成人病發生的主要原因。身體內的器官爲了消化過多的食物，因而感到疲勞或是承受壓力，這種過程如果一再重複，最後就會發展爲成人病。過剩的營養也會引起腹部肥胖，進而導致糖尿病、高血壓、心臟病等各種疾病。

此外，暴飲暴食也被認爲是引起老化的主因。在勉強消化過多食物的過程中，體內會產生一種氧自由基，它會破壞細胞、引發老化。尤其眾所皆知的是氧自由基還會促使癌細胞活化。

相反地，少餐不僅可以減少身體負擔，對於血液循環也有正面幫助。

以色列的大學教授麥西摩・梅斯勒斯（Maximo Maislos）爲了探究

少餐的效果，特別選在伊斯蘭齋戒月的禁食期間進行研究。在爲期二十八天的齋戒月當中，穆斯林會在日出後開始禁食，直到日落才開始吃一點東西充飢果腹，藉此方式表達對神的感謝之意。

麥西摩教授在齋戒月期間針對參加者做了數次抽血檢查，以了解他們在這四個星期內因禁食所產生的健康變化。

研究結果顯示出一項有趣的變化。在齋戒月禁食期間，參加者血液中的HDL（高密度）膽固醇數值明顯的提高。HDL膽固醇可以清潔血管，是一種好的膽固醇，它的數值愈高，對人體的健康愈有幫助。

另一方面，參加者的LDL（低密度）膽固醇卻是明顯的下降。LDL膽固醇會在血管中沉澱油脂，引發心血管疾病，是一種不好的膽固醇。它的數值愈高，對身體健康愈不利。

由此可見，齋戒月禁食期間的少餐，確實對身體健康產生正向的效果。

在禁食結束後，他再度對這些已經回歸平日飲食習慣的齋戒月參加者進行研究。結果顯示，他們的HDL膽固醇和LDL膽固醇數值又再度回復到齋戒月以前的水準。也就是說，當飲食習慣恢復到平日時，齋戒月所產生的效果就隨之消失。

英祖的飲食習慣還有一項值得注意的地方，那就是他喜歡吃雜糧更甚於白米飯。他的飲食是以非精製穀物為主，而現代科學已經證實，非精製穀物也是維持身體健康的一項關鍵。

稻穀脫去外殼後成為糙米，糙米再經過數次的碾製過程之後，剩下的就是白米。碾米次數愈多，白米飯的味道愈好。因為粗糙結實的穀殼已經在重複的碾米過程中完全去除。

不過在碾米過程中，稻米的營養成分也會流失，各種維他命、礦物質、纖維質等必需成分都會被一併去除。儘管如此，大多數人還是認為「糙米粗糙而無味」，所以比較喜歡吃白米。

多次碾製的穀物對健康不好的原因，不僅在於它的養分已經流失，更可怕的是它會被人體快速吸收。

稻米或麵粉的主要成分是碳水化合物。精製多次的白米與麵粉在攝取後很快就會被身體吸收，使得血糖值快速上升。這個結果會導致胰島素的分泌激增，同時也會提高罹患肥胖與糖尿病的機率。

因此，如果平時就有暴飲暴食的習慣，再加上食物多半以碳水化合物爲主，那健康必然會亮起紅燈。

實驗結果顯示，少餐確實可以保持免疫力，並有助於防止老化。

美國南加州大學的威爾福特教授團隊曾經用老鼠進行過實驗。他們將老鼠分成兩組，一組是不停地餵飽牠們，另外一組則是以少餐控制，然後觀察牠們一直到死亡爲止。結果飽餐的老鼠群平均壽命爲二七．二個月，而少餐的老鼠群平均壽命爲三二．八個月，兩者間有著顯著的差異。經常餵飽飼料的老鼠群有明顯老化及免疫力降低的情況。至於嚴格控制飲食的老鼠群，老化的速度則較爲緩慢。

人們常以忙碌爲藉口，忽略了該吃些什麼這個重要的問題。大家不斷在網路上尋找，想吃有益的美食，但是最後都把錢花在對身體有害又難吃的食物上。經濟上看起來好像更富裕，不過卻離眞正有益的食物愈來愈遠。

對現代人來說，有三項是必須節制的。第一是貪吃，第二是消費習慣，第三是壓力或憤怒的情緒，其中最難控制的就是吃。因爲吃是一種本能上的欲望，看起來好像簡單，做起來卻最困難。很少人能夠抵抗「只吃一口」的誘惑。

吃飯可以提供我們活動所需的熱量，不過少吃一口飯卻能訓練我們如何克制。克制能凝聚我們的能量，幫助我們朝目標前進。藉由這股凝聚的能量，我們可以跳得更高、更遠。

一口飯看起來好像沒什麼，不過從這口飯產生的節制力量，卻足以改變我們的生活。

18

每天和別人共進午餐

和別人一起吃飯，
是一項絕不可輕忽的社交活動。

——M・F・K・費雪（M.F.K. Fisher）
作家

記得剛開始踏入社會工作時，有個畫面曾引起我的好奇，那就是每天一到午餐時間，公司的代表理事就會從他的辦公室跑出來，問我們：「社長是外出和誰吃飯？」這件事在當時一直令我百思不解。

愈是成功的人，午餐的約會就愈多。他們的目的是想和各種不同的人碰面，藉此獲知不同的經驗和想法。

這些人從艱困的挑戰和失敗的經驗當中深刻體認到，靜止不動的死水容易發臭。爲了能讓水保持流動，不致淤塞，就必須先抓住方向，而事業上所謂的方向，指的就是機會。

想要得到機會，一定要拓展人際關係，因爲事業中所有的機會都是藉由人與人之間的往來，才能夠進而萌芽、開花與結果。

有經驗的人懂得利用午餐時間去傾聽另一個世界的聲音。他們將視線從自己的專業領域中暫時移開，然後去接觸一個從來不曾見過的世界，藉由這個陌生的經驗擴展自己的見聞。有時還會從中得到靈感，試圖將不同領域作結合。

在商業場合中，最常使用的客套話就是「一起吃個午餐吧！」我們也是在不加思考的情況下，很容易習慣性地向別人提議一起吃午飯。不過仔細回想我們之前的舉動，你會發現這個提議絕對不是在不加思考的情況下隨意脫口而出的。

想想看，對於那些自己沒有好感的人或是交情普通的人，分開時你會怎麼和他們道別？

幾乎大部分的人都會說「好，下次再見。」相反地，如果是初見面就有好感的人，或是談得來、想與對方進一步接觸的人，你就會這樣說：

「希望能找個時間一起吃午飯。」

雖然這兩句話聽起來都像是客套話，但是背後隱含的語氣就有相當大的差異。

面對面坐在同一張餐桌上吃著同樣的飯菜，這在人際關係上具有相當重要的意義。不僅可以向對方傳達對彼此有「這種特別關係」的認知及情誼，同時也可以讓自己確認這件事。

「一起吃飯」也意味著放下各自的武裝，進入彼此解除戒心的狀態。這時雙方在毫無防備的情形下，很容易流露出自己的弱點給對方。爲了塡飽肚子吃東西的模樣，絕對稱不上是雅觀。有時會發出嘖嘖的咀嚼聲，有時拿筷子的姿勢會顯得笨拙，有時還會因爲食物太辣而打嗝。

於是，一起吃飯就等於是願意將自己的弱點呈現在對方面前。既然願意呈現自己的弱點，也包含了願意坦誠相見的意義。基於這個原因，如果不是對對方有好感，就不可能向對方建議一起吃飯。由此可見，當人願意和別人一起吃飯時，反而是個愼重的決定。

在一邊吃飯一邊聊天時，現場會形成一種親密的氣氛。尤其如果是在包廂裡面，幾個人圍坐在一起吃飯，看起來儼然是某種核心成員圈的聚會，給人一種隱密的感覺。

實際上，一些高階的資訊交流就是在這種餐聚上完成的。例如資訊等同於金錢的汝矣島證券界人士，就經常在這一類的聚會中互相分享資訊。

有人說：「上班族在午餐時間學到的最多。」意思就是在午餐時間可以和各種與自身業務有直接、間接關聯的人一起碰面、聊天，並學習他們的經驗。

這正是在汝夷島證券分析師之間流傳的評價公司方法之一。要觀察一家公司好不好，只要在午餐時間去繞一圈就可以知道。光看午餐時間的景象，就能看出其中的差異。

如果是不好的公司，員工個性會比較封閉。他們喜歡和自己的人吃飯，每天重複相同的話題，主要的話題不外乎批評上司或是表達對公司的不滿。

而一家好的公司，員工會常常約外面的人吃飯。即使是自己不熟悉的領域，也不會害怕，反而會以一種開放的心情去努力吸收世界上的各種多元觀點。他們認爲多聽、多看有助於自我發展，對公司也能有較多的貢獻。

人必須多累積一些經驗，才可以快速成長。和不同的人碰面，可以從他們身上學到應對進退的商業技巧，而這些技巧原本要經過多次的實踐與犯錯才會知道。換句話說，可以藉由這個機會學習到某種類型的人會在何時、用什麼方式去對應各種情況。

所以上班族等於是在每天中午學習人生學校的課程。其中的差別，只在於你是否會極力想多找一些老師學習。

心胸褊狹的人只有少數幾個老師，尤其是每天只從少數的老師那裡學到相同的東西，所以變得更加褊狹。相反地，擁有愈多老師的人，反而會去找更多的新老師。

當然，人不可能一年三百六十五天都找不同的人吃午飯，再加上工作或部門本身的特性，有時候確實很難與外部進行廣泛的聯繫。

在這種情形下，只要能在允許的範圍內盡可能拓展人際關係就足夠了。沒必要爲了每天找不同的人吃飯，而有壓力。

我們希望最後能與共進午餐的對象成爲朋友。其實英文單字中的「company」除了有朋友、公司的意思外，也有「一起吃麵包」的含意。

不是等距離拉進後才共進午飯，而是要先吃午飯，再讓彼此距離拉近。

19

吃飯時不要掉落食物

努力當一個更俐落、更開朗的人，
自己就是一扇看世界的窗。

——蕭伯納（George Bernard Shaw）

作家

排名韓國前幾大集團的K會長每次吃飯時，都會向員工強調一句話：

「吃飯時，不要掉落任何食物。」

K會長認爲吃飯會掉落食物的人，就好像會在地板上穿洞的人，所以不管掉下來的是什麼東西，到最後一定會漏財。簡單來說，這種人是一個缺乏實質內涵的人。

眾所皆知，K會長個性瀟灑與儉樸，讓人很難相信他是一個企業集團的老闆，這是因爲他從小受到父親的教育影響。每當買了新物品，他都會非常珍惜地使用，直到物品完全不能用爲止，因爲K會長的父親如果看到東西不小心毀損或遺失時，就不會再買新的給孩子。

將K會長「不要掉落食物」的論點加以整理，可以得到以下的結論：

「一邊吃飯、一邊掉落食物的人，在工作上也會是一個沒有責任感的人。把餐桌弄得亂七八糟後就離開的人，在工作上也會有相同的傾向。這種人在工作時毫無頭緒，等到事情失控時又抽身離開，最後把爛攤子都留給了別人。」

K會長認爲這些人是因爲沒有受到相關的家庭教育所致。也就是說，因爲不曾在餐桌上受到嚴格的教育，所以對於自己造成別人不便一事缺乏自覺或擔心。在K會長的想法裡，一個人用餐時所表現出來的態度，將會全盤性延續到生活的各個層面。

不管是東方或西方，禮儀都是從飲食開始。在一起吃飯的時候，就可以觀察出對方是什麼樣的人。餐桌上的表現就是眞實生活的片刻。人在輕鬆的用餐氣氛中，戒心會鬆懈。除了戒心以外，原本包圍於外在的所有裝扮也會消失。

光是從吃東西的樣子就可以看出一個人的教育水準、禮貌、興趣，甚至個性。所以用餐也像是一個試金石，可以看出一個人是否能夠與他人和睦相處。

一個敏感度高的人，只要吃過一餐飯，就可以了解對方很多事情。尤其是到了適婚年齡的男女朋友，更應該好好仔細觀察。

Y小姐由公司前輩介紹了一位男性朋友，但是在與他約會的過程中，她卻經歷過數次內心的掙扎。男方的條件可說是無懈可擊：個頭高，長得又帥，家境和學歷都好，還在一家令人稱羨的大公司上班。

但是每次一起吃飯時，就會接連發生一些事，讓Y小姐內心猶豫不決。

「我要點這個。Y小姐妳點這個吃吃看，很好吃喔。」

對方點了自己想吃的餐點，接著連Y小姐要吃什麼，都幫她決定。很多時候，她並不喜歡吃那個食物，但是對方連問也不問，就幫她點好了。還有每次餐點一送上來，他就舉起筷子猛撲，而且食物還掉得到處都是，吃相非常難看。

剛開始Y小姐還以爲對方的舉動是對她的一種體貼，但是他幫Y小姐點菜的理由，很快就揭曉了。Y小姐才剛舉起筷子，對方竟然就搶在她之前先把自己的筷子伸入食物當中，而Y小姐根本還沒有開始吃。

她嚇了一大跳，抬起頭看著對方。沒想到這個男生卻問她：「怎麼啦？我只是想幫妳嘗嘗看好不好吃……」一邊說還一邊若無其事地笑。

困擾不已的Y小姐去找幫她介紹的那位前輩同事聊，而結婚三年的前輩安慰她說：

「那又怎麼樣？這是因爲他覺得和妳很熟，所以才那樣做……仔細想一想，除了吃飯以外，他不是什麼都很好嗎？對妳也很體貼，上星期還幫妳辦了一個不錯的活動。如果是像我老公那樣沉默寡言的男人，應該連想都別想吧？」

Y小姐聽了前輩的話，又繼續和對方碰了兩次面，不過最後還是決定用簡訊和對方分手，並換掉手機號碼。因爲她已經證明，對方在餐桌上表現出來的無禮，在日常生活中也逐漸顯現出來。

其實在與別人見面時，只要細心觀察對方吃飯的模樣，就能夠大幅減少做出錯誤選擇的可能性。點好的食物一送上來，都還沒請對方先用，自己就忙著塡飽肚子，這種人根本不必期待他會懂得體貼別人。如果你認爲對方只有吃飯時才會這樣，那就錯了。之所以如此，主要是因爲在家裡沒有養成良好的習慣，所以就變成一個不懂得體貼別人的人。

烤肉時只顧自己吃的人也一樣。這種人通常說話隨便，很容易傷害到別人，而且凡事都先想到自己，不會先想到自己所愛的人。

如果碰到的是飲食偏好完全不同的人，也有可能衍生問題。當你和不喜歡海鮮的女生結婚，也許家裡以後就再也看不到海鮮了。有的人會說：「結婚後再改變對方就可以了。」但這種話無異於痴人說夢。

相反地，吃飯時會考慮別人的人，平常就會是貼心的人。即使美食當前，他們還是可以用理智冷靜地思考。這種人在遇到危急狀況時，不僅不會慌張，甚至還可以細心地照顧別人。他們在點菜時也會考慮到別人的喜好，因爲他們平常就會注意別人喜歡什麼、不喜歡什麼，而且會一一記下這些內容。

也許會有人反問，怎麼可以只憑餐桌禮儀來評斷一個人？但是要了解一個人的內涵，恐怕沒有比餐桌禮儀更值得參考的指標了。

接下來就舉個與用餐規矩相關的知名故事。

有一次，英國女王辦了一場晚宴，招待中國官吏參加。不曾吃過西餐的中國官吏將洗手用的洗指碗捧起來，一口氣喝掉碗中的水，一旁的侍從還來不及阻止，事情就發生了。女王雖然嚇了一跳，但仍然很快地鎮定下來，而且還從容地捧起自己面前的洗指碗，也把碗中的水喝下去。英國女王的果決，成爲膾炙人口的最佳禮儀典範。

成熟穩重的禮儀，需要能夠理解別人、包容別人。用這種方式來謹守自我的分寸，解除彼此的界線。這種禮儀可以創造出因緣，同時還可以改變命運。

不過這種大器的禮貌舉止並非一朝一夕就能產生。首先要從小事開始實踐——這裡指的就是從吃飯不任意掉落食物的餐桌基本禮儀開始。

20

每天走路或跑步三十分鐘

擁有健康，才能擁有希望；
擁有希望，才能擁有一切。

——阿拉伯格言

「再這樣下去，身體一定會吃不消。」

她一回到家，就整個人癱軟在沙發上，然後自言自語。一整天下來，她感到疲勞，還有滿腹的煩躁與鬱悶。早上累到眼睛幾乎睜不開，到了下午身體就好像快要被水泥地吸附一樣，下班後拖著千百斤重的身軀回到家，但是張開手臂迎接自己的，卻只有那些做不完的家事。

「醫生說我運動不足。」

「那要不要上健身房看看？」

一提到健康檢查的結果，老公顯得有些厭煩，就隨口回應了一下：

「以我們家的情況，怎麼去上健身房？爲了要付貸款，以後都不知該怎麼辦了……」

她也開始不耐煩起來。

「妳在擔心什麼呀？如果怕花錢，就沿著河邊走路。聽說要做有氧運動，才可以紓解壓力。」

老公氣呼呼地回應著。

人類不可能完全擺脫壓力。不管做什麼工作，每天都會承受一些壓力。不過有些人是背負沉重的壓力過日子，有些人卻好像不曾聽過「壓力」這個詞一樣，每天還是一樣充滿活力。

大家都知道有氧運動的好處很多，慢跑也好，悠閒的散步也不錯，總之有氧運動可以幫助血液循環，消耗熱量，防止肥胖。不過與其一次勉強做長時間的運動，還不如定期做時間較短的運動。經常運動可以維持最大的氧氣吸收量，氧氣被傳送到身體的每個角落，能使細胞更加活化，並產生預防老化的效果。

她別無選擇，只能下班一回到家，就立即換上運動服到河邊運動。剛開始她就像出來散步的人一樣，在河邊慢步行走，後來就學慢跑的人，逐漸加快腳步。

由於原本沒有運動習慣，剛開始時覺得很痛苦，大腿和小腿的肌肉變得既僵硬又疼痛。但是經過一段時間之後，這種痛苦轉變成一種奇妙的喜悅，感覺體內累積的廢棄物都和汗水一起代謝出來了。回到家沖澡時，竟然不自覺地從鼻孔哼出歌來。

原本三十到四十分鐘之間行走的距離只有一公里，後來不知不覺竟然增加到往返可以走三公里。不僅如此，現在爲了鍛鍊腿部的耐力，她連在地下鐵站也不搭手扶梯，而是改走樓梯。

雖然還沒達到「跑者的愉悅感」這種境界，不過也體驗到類似的喜悅。所謂「跑者的愉悅感」，原本是指馬拉松愛好者體驗到的獨特陶醉感。美國的神經科學家A．J．孟德爾（Arnold Mandell）最早使用這個詞，這是一種因運動時的身體壓力而產生的幸福感。不只是馬拉松，就連喜愛滑雪、衝浪、摔角、足球的人也會出現這種感覺。當你身心的緊張獲得紓解、然後在小徑上悠閒慢跑時，特別容易產生這種愉悅感。

這種生活她持續過了三個月，而且確實發現健康有明顯的好轉。所謂變好，並非只有健康。雖然一開始她是爲了鍛鍊容易疲倦的身體才走路運動，卻沒想到運動的治療範圍竟然擴大到她不曾想過的地方。

那就是改變了她的心態。

暗中欺負她而讓她感覺痛苦的上司、每次見面都會針對缺點刺傷她的朋友，還有不幫忙做家事、只會偷懶的先生……她對這些討厭的人抱持的憤怒和怨恨，現在感覺好像已經遠在地球的另一端。在不停跨出的步伐中，腦海裡對這些人的殘留影像已經愈來愈模糊。這些人說的一些令她受傷的話，她也不會再去鑽牛角尖了。

她說：「透過走路，我療癒了受傷的心靈，也體認到一項事實——想得愈廣，自己也可以得到愈多的成長。」

正如她感覺到的一樣。

學者已經證實，走路確實與人的精神健康有密切關係。兩腳維持平衡走路，不僅可以活化腦部，也可以使腦部得到啟發，並帶來精神上的滿足。

腦外部的表皮稱爲「大腦新皮質」，這裡是「思考的大腦」，負責語言和推理、判斷之類的高等精神功能。另外還有一個總管這部分所有領域的綜合中心，那就是「額葉聯合區」。額葉聯合區會在整合許多資訊之後，決定意志和行動。走路和跑步之類的運動可以刺激這個腦部網絡，使它能夠活躍與緊密地運作。

我們自己沒感覺，但每一個步伐，都會從腿部筋肉、經由神經傳達許多資訊到腦部，速度就如同光一樣快。這也是我們走路時可以將兩腳保持平衡、不會跌倒的原因。

大腦會在瞬間接收到難以計數的資訊。哪一邊的腳失足、是否維持平衡、會不會冷、前方有沒有什麼怪味、路面有沒有障礙物等等，各種感覺總動員起來蒐集資訊，然後傳達給大腦。額葉聯合區再根據這些資訊，擔任做決定的總指揮角色。

走路是一段能夠啓動腦部網絡、使其更加充分活用的過程。這也是爲什麼愈常走路的人，在身體或心理上也更健康的原因。喜歡走路的人當中，很少有容易生氣或是讓人操心的人。

每當下定決心「一定要運動」時，心中同時浮現的聲音之一就是「這麼忙，哪裡有時間？」

仔細想一想，到地下鐵只有步行約十分鐘的距離，我們卻選擇搭公車。其實只要提早十分鐘出門，就可以兼顧健康和省錢。雖然時間很寶貴，應當珍惜，不過有人用汽車代步，去到只需徒步十到二十分鐘就可以到達的距離，結果多出來的時間竟然是拿去用手機看影片，或是玩起自拍。

坦白說，我們並不是因爲忙碌才沒時間走三十分鐘路，而是因爲有太多新鮮刺激的事物讓我們沉迷，使我們總是覺得沒有時間走路。

不過這些事情幾乎形同「生活中的蜜糖」。儘管我們很清楚它們對身體或健康無益，但是因爲它們的甜美，使我們無法戒除，繼續沉迷其中。

其實一天用三十分鐘的時間去走路或慢跑，並不是一件困難的事。如果晚上撥不出時間，就在公司或學校擺一雙運動鞋，利用午休時間運動。現在就趁午餐時間觀察辦公室周邊，你會發現在附近的公園或廣場，很容易就可以找到這樣的人。

21

送客要送到電梯門口

親切待人所帶給對方的愉悅，
很快就會回報給自己。

——約翰・史密斯（John Smith）
探險家

在歷經千辛萬苦後，C終於回到以前他擔任實習工作的那家公司。雖然他也有機會能夠進入其他公司，但是他堅持回到這家公司，因爲他在這裡找到人生的良師益友。

他的良師益友，就是他最後所屬部門行銷總部的主管，這位主管雖然看起來木訥寡言，卻得到所屬部門員工的全力支持。

在實習生活的最後一天，C才了解到這位主管的爲人。那一天，C帶著依依不捨的心情下班，而這位主管帶著部門全體員工一起跟C走出辦公室，主管按下電梯按鈕後，又與C握手，C在打招呼的同時，心中產生一種奇妙的感覺。直到他搭電梯下樓時，才明白那是什麼感覺。

對C來說，這位主管顯然和其他人不同。每當客人要離去時，這位主管總是會送客人到門口，並且幫他們按下電梯的按鈕。他們部門也比較尊重實習社員，不會要求實習社員幫他們做私人的事情，不像其他部門常常會叫實習社員做私人的事情，然後畫一個大餅給他們，最後卻給實習社員很低的考績。當C踏出這家公司時，他就下定決心，將來一定要回到這家公司當正式職員，而且要像這位主管一樣，當一個令人欣賞的人。

有人說，在與客人應對時，接客與送客的程度比重，大約是三比七。也就是說，你在送客時最好能比在迎接客人時，更往前幾步，舉例來說，如果你是在辦公室接待客人，那麼送客時最好能送到電梯門口，並且幫客人按下電梯按鈕。

拉長送客時間，有點像是在爲將來鋪路，並且用行動向客人表達心意，告訴他們：「今天的見面讓人依依不捨，期待下次能有機會再見」。

仔細觀察這些領導人，你會發現他們對送客多半特別用心。這樣做不僅是在告訴對方自己期待與對方有更好的互動，同時也是希望對方能將自己歸類爲「喜歡而且期待再相見的人」。

拉長送客的時間也是一種可以讓對方安心的舉動。如果你跑到很遠的地方迎接客人，送客時卻顯得草率，那麼對方可能會擔心，認爲：

「我剛剛是不是做錯了什麼事？還是我令對方失望，所以送客才會這麼馬虎？」

爲了避免這種無謂的誤解，領導人都會送客人到電梯門口，有的人甚至會送客人到停車場。

領導人的送客方式，也會對公司文化產生巨大的影響。如果領導人對於送客特別用心，那麼公司就有可能形成一種內部成員特別重視顧客與合作夥伴的企業文化。

神經網絡中有一種鏡像神經元，鏡像的概念表現出人類具有從與他人的關係當中確立自我的本質。鏡像神經元會使人產生想模仿別人的舉動，或引發這種衝動。這也是爲什麼當初生嬰兒聽到其他孩子的哭聲時，也會跟著哭。

如果領導人率先做榜樣，在組織裡創造一股體貼他人的和樂氣氛，那麼下屬就會像照鏡子一樣，想學習領導人的這種行爲。員工在行動或思考方式上習慣以領導人爲模範，如果領導人是這種類型的人，自然就會創造出向心力較高的組織。

前西南航空執行長赫伯．凱勒赫（Herb Kelleher）就是這樣的領導人。他最有名的作風就是無論事情有多緊急，都不會忘記開玩笑。職員漸漸受到他的感染，後來也變得喜歡與客人開玩笑。這種輕鬆又爲對方著想的企業文化，爲公司帶來高速的成長。西南航空曾寫下高達四十六季連續獲利的驚人紀錄。

大家常把「溝通」掛在嘴邊，認爲這只是資訊的交換或流動而已。不過眞正的溝通，應該是去確認從對方的鏡子中所反射出來的自己內在，以及從我的鏡子中，讓對方看到他的內心世界。如果我的鏡子沒有擦乾淨，就沒辦法獲得別人的眞心。因爲沒有人喜歡看到自己的心是一片模糊的。

從這個觀點來看，人類在自我修煉時，必須依靠別人的幫忙。也就是說，爲了追求自我的發展，必須先懂得尊重與體貼別人。

微軟公司有一項與眾不同的「送行」文化。這個公司要送行的對象不是客人，而是員工。

位於華盛頓州雷德蒙的微軟總公司就像學校的校園一樣，建築物占地廣大。這裡的建築物被樹林與寬闊的草坪包圍，公司以美麗的景觀而自豪。尤其視野好的靠窗辦公室更是迷人，任何人都希望能爭取到靠窗的辦公室。不過微軟並不是以業績來決定誰能坐在靠窗的位置，即使是研發出卓越新技術的人員也不例外，甚至從外部挖角過來的高層管理者都一樣。

能夠進駐這個辦公室的標準只有一個，那就是由在微軟公司工作的年資來決定。在這些視野佳的辦公室裡，坐的都是資深員工。與那些完全以業績和成果爲導向的美國企業——尤其是類似微軟這種高科技產業的一貫作風相比，微軟的做法可說是相當特異。根據微軟的說法，建立這種制度的目的，是爲了想對長期在公司服務的人表示尊重。仔細思考所謂長期服務的含意，其實也代表著離開公司的日子愈來愈近的意思。所以公司選擇用這種方式，來向長期一起奮鬥的員工表達謝意。

分配景觀好的窗邊辦公室，然後慢慢幫資深員工送行。公司將資深員工安排在視野好的辦公室，這件事做起來一點都不困難。只要有一顆體貼周到的心，美麗的送行就可以從這種小地方開始做起。

有一名曾經遭遇極度挫折、後來又重新站起來的企業家，曾經說明「送行」之所以重要的另一個理由。

「我們每個人都是在人生舞台登場的演員。在初登場時，聚光燈會投射在自己身上，這時會得到喝采及掌聲，但是在退場時，常常都是一個人孤零零地在舞台上消失。因爲我不喜歡這種淒涼的感覺，所以常會對其他人的退場報以熱烈的鼓掌。」

飛機上的餐飲熱量很高，想節食的人盡可能不要吃機上的食物，也因此有些航空公司會提供熱量較低的餐飲。但是飛機內的食物熱量比較高是有特別理由的，因爲在飛機上用的餐點，很有可能是飛機遭遇緊急狀況時所吃的唯一一餐。

飛機在任何時間、任何地點都有可能意外迫降，而那個地方會是小島還是沙漠，或是叢林，沒有人能預測。萬一碰到這種危急狀況，在求生時所需的能量正是來自我們在飛機上所吃的唯一一餐。所以如果想支撐到被救援的那一刻，在飛機上的餐點最好還是選擇熱量高的食物。

人生也是如此，隨時都有可能會意外著陸。想要求得生存，就必須要有他人的幫忙。

送行，就如同有可能成爲最後一次的機上餐點一樣。因爲有可能是最後一次，所以多吃一些；送行的時候也多往前跨出一步，好藉此傳達溫暖的善意。

日本心理學家曾經針對被告知大限將至的人進行調查。

「如果人生可以重來一次，你最想做的是什麼？」

最多人這樣回答：

「我希望能對別人好一點。」

他們表示，自己最後悔的事就是對待別人不夠溫暖、不夠好。他們很遺憾自己虛擲光陰，卻沒能和自己重視的人好好相處。他們也很後悔，爲了自己的利益而強使別人遭受損害或犧牲。

多爲別人設想，溫暖地對待別人，這件事一點也不難。只要有心，就可以從小處開始著手。但是如果放任時間流逝，錯失機會，實現的可能性就會愈來愈低，最後終將徒留遺憾。

就從今天開始實踐吧。對於今天來拜訪的客人，一定要送他們到電梯前爲止。

22

所有的回答都從「是」開始

只要能正面思考，
就算天塌下來，也總有立足之處。
不管什麼事，最後總能完成的。

——鄭周永

現代集團創辦人

理事將部門主管H叫過去，吩咐他執行一個新的企畫案。不過在H看來，它是一個全然不可能實現的企畫案。H的部門都稱呼理事爲「木乃伊挖掘隊長」，因爲他總是慢半怕，經常推動一些過時的構想，讓他們備感壓力，所以幫他取了這個綽號。

「理事，好像不是您說的那樣吧！」

H打斷正在興沖沖說明的理事。

「這個提案，我們部門已經評估過很多次，得到的結論是不具市場性，所以決定放棄。即使是我們手中正在推動的這個專案，也已經很吃力。」

幸好理事接受他的這番說法。H回去後開始對部門裡的同事自吹自擂，說他如何與木乃伊挖掘隊長對抗，讓他們部門所有的人得以減少許多不必要的工作。

過了幾個星期，H聽說L的部門已經接下這項企畫案。有一天H請L吃午飯，想對他表達慰問之意。

「你應該拒絕的。那是在浪費時間，到最後搞不好會影響考績吧？」

然而，L竟然出乎意料地回答：

「這個嘛……與其一味否定，還不如正面地去找出可能性，這樣或許比較好。理事不也是因爲覺得值得，所以才會叫我們試試看？」

H聽了以後，覺得好像挨了一記悶棍。

「理事之所以提議這個企畫案，也是因爲他看重你。換個立場想一想，原本一番好意，希望讓對方有所表現，卻遭到拒絕，那種心情會是如何……愈有誠意，得到的傷害是不是也愈大？」

突然間，H感覺他好像在對自己好的人臉上吐口水一樣。他感受到這種滋味，才終於領悟自己犯了一個嚴重的錯誤。

在回應上司的提案或指示時，可以有兩種答案：一個是先以「是」開始，另一個則是先用「不」來回絕。

年紀愈大，或是職位愈高的人，通常喜歡聽到晚輩或下屬回覆一個正面的答案。他們不喜歡自己有錯的事實立刻被揭發，而且會覺得這是件丟臉的事。尤其是出自好意所說的話，如果聽到對方回答「這是因爲您不知道」時，他們很有可能會感到憤怒。即使不生氣，也會覺得對方很可笑，或是認爲對方因爲不想工作，所以急著抽身。

上司也是人，對於讓自己感受到被藐視的下屬，他們是不可能維持好感的。

回答「是」的人，必須先忍受眼前的不便。他們必須花時間對上司的指示進行各種討論與分析，而且還要幫上司找理由。此外，他們也必須聽那些可能白忙一場而紛紛表示不平的同事抱怨。

但是當分析結果的判斷是「不」的時候，只要將結果報告上司，這件事就結束了。上司會確認你提出的各種依據，並承認自己的提案或指示是錯的。他會感到歉意，同時也會覺得感謝——主要是針對你能夠對於他並不理想的提案如此認眞地評估。

最後的結果，先說「是」的人剛開始多少有些不便，但後來反而很有可能心安且俐落地將這件事處理完畢。相反地，先用「不」來回絕上司的人，他可以馬上停止眼前的一切混亂，而上司也不會再對自己的想法多加說明。可是經過一段時間之後，上司卻會逐漸產生反感。這種認為下屬不明白自己好意的背叛感覺，日後當然會衍生出其他問題。

人生的前輩會說，不管在什麼情況下，都要先回答「是」。這種選擇具有深層的含意，目的是要讓年輕的後輩暫時平息方剛的血氣，以免說出後悔的話。也就是先表達出尊重上司的意思，接著再去執行，並坦白向上司回報結果。這並不是淺薄的處世之道或計策，而是職場生活的基本道理。

用常理來想，如果我們是理事，一個是當試過以後再向你報告結果的下屬，另一個則是連試都還沒試、就先回答「不可能」的下屬，你喜歡哪一個呢？

已故的鄭周永會長有一句名言：「您試過了嗎？」就是由這個觀點出發。一開始就回答「是」，有時還可能會有意外的收穫。因為上司的構想也許會正中目標，以他的構想為基礎，或許可以創造出更好的機會。先回答「是」，也等於爲可能性開啓了一扇門。

我們每天都要做出許多選擇和決定。無論在公司還是在家裡，經常要在「是」或「不是」之間矛盾徘徊。我們害怕做錯決定，所以感到焦慮，有時甚至因此產生莫大的壓力。但這是無可避免的，因爲人類的宿命就是要與各種想法不同的人一起生活。

當然，有些時候，是連嘗試都不需要就必須回絕的情況。但是碰到這種情況，如果能謹慎思考一下，還是可以用比較正面的方式去表達「不」的訊息。

舉例來說，你可以這樣回答：

「是，我知道了。我會盡快在最短的時間內檢討，然後向您報告。」

雖然鄭重地回答「是」，不過想講的話都已經包含在裡面了。上面這句話已經很清楚表達出「我完全理解您說的話」，但「是否能夠執行，現在無法確定，所以還需要討論」。

你也可以這樣回答：

「是，我知道了。不過我們部門現在有其他業務已經進入最後階段，請您諒解。等到手邊的案子結束後，我們會立即分析您指示的內容。」像這樣先回答「是」，劃分好界線，就可以避免在對方過度的期待當中又引發風波。對方可以在約定的時間內一邊等待，同時也有時間可以再一次客觀地審視思考。

還有，即使最後得到的結論和自己預期的不同，上司也不至於會有憤怒的情緒。因爲自己的想法已經得到充分的表達，如果經過各方面評估確實不可行，他們也能夠接受最後的結果。

從結果來看，這樣做等於是將一個「不」的答案，分成兩次來表示。不過千萬不能因此認爲這種做法沒有效率、浪費時間。在人際關係中如果事事考量效率問題的話，人生就幾乎已經註定八〇%以上的失敗。再加上原本關係親近的人、後來卻轉變成敵人，這才是最可怕的。

一開始先回答「是」，這在行銷或業務上也特別有效。舉例來說，如果用下面這種說法來回答客戶的問題，會有什麼樣的結果。

「這個問題我不是很清楚，明天再向您回覆。」

一天當中可能發生許多事。也許顧客等不及一天，就取消購買的計畫。因爲經過一天考慮後，他可能會覺得不需要這個商品。

在一天當中，顧客也可能與其他公司接觸，誘使兩方進行資格的競爭，他們甚至可能與競爭對手簽訂採購合約。在資訊快速流通的世界，一天的時間足以產生巨大的變化。

顧客在沒有立即得到答案「是」的情況下，很容易陷入混淆，所以必須當場消除他們心中所有的疑慮。他們爲了確定自己的選擇是否正確，常會不斷提出問題，也因此立即回覆「是」特別重要。所以必須即時給出「是」的答案。對顧客而言，最重要的就是肯定的確信。

所謂「是」的肯定答案，會在我們的生命中帶來全面性的影響。維克多．弗蘭克（Viktor E. Frankl）是在奧許維茲集中營裡倖存的奧地利猶太裔精神科醫師。他透過著作與演講，用感人的方式告訴大家，人類如何在艱困的環境中堅忍地尋求生命的目的及意義。

他在失去一切的情況下，雖然身陷殘酷的遭遇、饑餓，以及隨時面臨死亡的威脅中，卻依然不放棄希望。藉由他的親身經歷，人們了解到活下去就必須忍受痛苦考驗，而且要在考驗中尋求生命的意義。

弗蘭克以集中營的經驗爲基礎，建立出將人視爲自由與責任之存在的個體存在分析，並提倡意義治療（Logotherapy）理論。繼佛洛依德的精神分析學派和阿德勒的個體心理學派之後，意義治療學被稱爲「精神療法第三學派」。

有一本集結弗蘭克的演講而成的著作，書名意義深遠，叫做《向生命說Yes!》。

書名是節錄自死在集中營的歌曲創作者弗里茲．羅納．貝德（Fritz Löhner-Beda）的作品〈布亨瓦爾德之歌〉，當中有一句提到「儘管如此，還是想對生命說『是』。」

有如死亡般經歷痛苦的生命，如果問我這樣的生命是否有意義，我還是要理直氣壯地回答「是的！」。

並不是對生命感到滿意而回答「是」。大聲回答「是」的目的，是想為求生的意志增添一些光熱，無論生命的旅程有多艱辛。

「是」與「不是」，是如影隨形的兩個詞彙。但是只要一說出口，彼此就會朝完全相反的方向走各自的路。

23

睡前五分鐘向自己提出問題

不知夜裡的睡夢有什麼特殊才能，
晚上難以解決的問題，第二天早上就解決了，
這種經驗常常發生。

——約翰・史坦貝克（John Steinbeck）
小說家

塔替尼（Giuseppe Tartini）雖然留下一百多首傑出的作品，卻因爲遭到人們的誤解，而無法得到客觀的評價，算是一個命運多舛的小提琴家兼作曲家。

他的代表作是小提琴G小調奏鳴曲《魔鬼的顫音》。這首曲子還是因爲在十九世紀末被知名小提琴家姚阿幸（Joseph Joachim）演奏過之後，才成爲大眾化的名曲。

塔替尼在二十三歲時完成這首作品。傳說這首曲子背後有一段有趣的故事，這個故事也使塔替尼遭致眾人批評，說他「將靈魂出賣給惡魔」。

當時他爲了演奏小提琴，花費不少心思。有一天，他苦思到凌晨才入睡，睡夢中突然出現一名魔鬼，說想要和他交易。

「我會給你靈感，代價是你必須交出你的靈魂。」

當時的塔替尼寧可出賣靈魂，也一定要做出好的音樂。所以他接受了惡魔的要求。

惡魔用難以形容的技巧，演奏出令人驚豔的樂曲。這是一首在人間不曾聽過、令人著迷的曲子。塔替尼完全陶醉在惡魔的演奏當中。他失神地聽著音樂，等到回過神時，音樂已經不知不覺結束，惡魔也消失無蹤。

塔替尼從夢中一醒來，馬上在五線譜紙上記下樂譜。他盡可能地回想，但還是無法將從惡魔那裡聽到的原曲完整重現。《魔鬼的顫音》就在這種情形下問世。

塔替尼的日記本在他死後被發現，上面寫著這段話：

「眞是一首好作品。不過和夢中聽到的音樂相比，實在遜色很多。」

用一句話形容，這是「像夢一樣的故事」。或許他心裡有數，這只不過是杜撰的故事，目的可能是爲了讓自己的曲子更受注目，所以用這種沒有根據的夢境來點綴。

令人意外的是，很多人都有和塔替尼相同的經驗。即便是一些留下偉大事蹟的名人，這種情況也不少。

作曲家布魯克納（Anton Bruckner）在夢中聽到朋友吹口哨的聲音，於是寫下了《第七號交響曲》；天才作曲家莫札特也常提到，他有許多作品幾乎都是從夢中得到靈感。

歌德坦承，他有好多次是從所夢見的事得到解決問題的對策；愛倫坡說他曾經在夢中看到推理小說的情節；瑪麗．雪萊甚至說她夢見了科學怪人博士的故事。

門得列夫（Dmitri Mendeleev）是在夢中完成了元素週期表，而將他的成就發揚光大的尼爾斯．波耳（Niels Bohr）也是在夢中發現原子物理學的基礎。愛因斯坦絞盡腦汁也解不開的問題，常常在夢中找到有效的解答。爲了不想錯過這些靈感，他甚至養成在枕邊放筆和筆記本的習慣。

發明縫紉機的哈維（Elias Howe）在夢中的情節更是生動。他在思考如何製作縫紉機針頭的時候睡著了。睡夢中出現食人族，這些食人族在尖形窗爬上爬下，慢慢靠近他。哈維仔細觀察，發現所有的窗頂都有一個孔，從夢中驚醒的他，就知道應該怎麼設計縫紉機的針頭了。

對於這種令人難以置信、所謂「在夢裡看到」的說法，現代科學家投入研究後，已經解開一部分的祕密。在各種學說當中，大部分的學者都同意以下的解釋：

即使是在入睡後，腦部並沒有停止活動，仍在持續工作。腦部透過夢境重新整理既有的資訊，並刪除不需要的資料，同時將白天時吸收的新資訊整合到原有的系統當中。也就是說，在睡覺的同時，腦部會透過做夢的方式來整理資訊。

學者認爲，做夢和創意會接連形成潛意識。人們在潛意識裡裝滿了各種創意，當專注於某一件事而刺激到潛意識時，夢裡的創意就會發揮出來，然後看到平常意想不到的事。

「在夢裡看到」是事實，同時也說明創意會在特別重要的領域引爆出眞正驚人的成果。

當我們醒著時，會透過各種活動將夢中所提供的靈感重新組合、活用。有時我們藉由這樣的過程得到好的結果，但是並沒有意識到這個過程。

「原本一直想不通的問題，到了早上起床突然都想通了，好像在變魔術一樣。」

雖然這個情況不是「在夢裡看到」，但是我們多半都有過類似的經驗。儘管不記得夢中的內容，靈感卻依然保留著。

腦部在主人睡著的期間，反而能想出絕佳的構想，理由很簡單，那就是因爲它沒有受到干擾。

人在睡覺的時候，會與外部世界形成阻隔。這時腦部可以安心地專注於自己的工作，效率當然比較高，而且還可以進行在意識世界中想像不到的組合。這是創意的範疇，這個結果也使得白天活動期間無法產生的構想能夠結合，形成一個躍進的轉機。

有一種方法可以讓偶爾才體驗到的「早晨奇蹟」提高發生頻率。這個方法並不難，其實了解創意庫的人多半已經有意識或無意識在使用了。

這個方法就是：在睡前五分鐘向自己提出問題。

「這個問題該怎麼解？」

提出問題之後，有的人會一直想，直到產生睡意爲止；有的人則是一下子就忘記，然後又再想別的事，之後才入睡。早晨的奇蹟等於是由「睡前五分鐘的差異」左右著。

如果每天能重複睡前五分鐘向自己發問的過程，生活依自己預測方向進行的可能性就會增加，對人生的預知能力與控制能力也會提高。

24

五分鐘內記錄夢的日記

當你傾聽內心呼喊的聲音時，
外部的聲音也會聽得更清楚。

——達格．哈瑪紹（Dag Hammarskjold）
前聯合國祕書長

被稱爲高爾夫皇帝的傑克．尼克勞斯（Jack Nicklaus），在全盛期時突然陷入低潮。儘管花了很多心思研究，還是找不到低潮的原因。

有一天，他在夢裡看到自己發揮高超的球技，夢中的小白球都可以正確落在他想要的地方。他靠近仔細觀察，一眼就發現自己握球桿的方式和平常不同。

隔天早上，他嘗試依照夢裡看到的方式握球桿，然後揮桿，很神奇地果眞擊出了好球，尼克勞斯也從此擺脫低潮。

年輕時的尼克勞斯因爲形象的問題，所以經常吃虧。圓胖的身材與生硬的聲音，使得見到他的人都忍不住皺起眉頭。土氣的髮型和穿著也同樣令人嫌惡。

而他的對手阿諾．帕瑪（Arnold Palmer）剛好與他相反。英俊的外貌加上帥氣的服裝和舉止，還有適中的身材，使他深受女性球迷的歡迎。高爾夫迷比較喜歡帕瑪，而尼克勞斯即使打出好球，還是一樣被喝倒采。

決定改變形象的尼克勞斯，從一九六二年美國公開賽以後就戒掉香菸。因爲他從電視上看到自己含著香菸打球的畫面，無法忍受自己這種醜陋的模樣，從此人們再也看不到他在球場上抽菸的樣子。

最後的挑戰是節食。體重曾經高達一百零五公斤的尼克勞斯，設定目標要減重二十三公斤。他做的第一件事，就是先購買瘦下來後要穿的衣服。經過減重之後，他的體重成爲八十二公斤。

最後尼克勞斯如他所設定的目標一樣，變成一名成熟穩重的冠軍選手。他成功重新塑造自己，讓自己既具備尊重對手的成熟風範，又有控制力。這也是許多高爾夫球選手之所以尊重尼克勞斯的原因。

據說尼克勞斯爲了達成目標，不斷利用夢境反覆練習。這就是「清醒夢」的正面效果。

我們的人生有三分之一的時間是在睡覺。如果壽命是七十五歲，那就等於有高達二十五年的時間在睡覺。所謂做夢，是睡覺時心中閃過的一連串想法、影像和幻象。我們平均在一星期中會記得一、兩次的夢境。

其實人每天都會做夢，而且一個晚上會做五、六個夢。夢境更換的時間是以九十分鐘爲單位，但是這些夢我們大多不會記得。九五%的夢會在記憶中刪除。有的學者認爲這是因爲夢和現實混淆會帶來危險，所以會自行刪除。也有學者認爲夢境中會打破人類的禁忌，本人會感到羞恥，因而在記憶中刪除。

我們在做夢時，其實並不知道這是在做夢，要等到醒來後才會知道。不過也有例外的情況，那就是在做夢的同時，卻能清楚意識到自己正在做夢的事實。

而這種夢就叫做「清醒夢」，也叫做「清明夢」。這是一九一三年由荷蘭神經精神科醫師范伊德（Frederik van Eeden）首度提出。

清醒夢因爲是「清醒時做的夢」，所以夢中發生的事某種程度上是可以控制的。如果夢中出現壞人在追逐自己，只要心中清楚知道「這是夢，快停吧」，這個壞人就會消失了。做過清醒夢的人都形容它是「一個可以成爲夢的主人的機會」。透過夢境，當事人可以擁有全新或是別人不曾嘗試過的經驗。

像開會或面試之類的重要事情，可以透過夢境事先演練預習，然後藉由各種自我啓發活動，來提高自己的價值。據說有的人甚至把清醒夢應用在治療生理或心理的疾病。

簡單用一句話形容，就是可以利用睡覺時間，把它當成現實中自我開發與發展的手段。

清醒夢的最高效果，是透過與內在世界的對話，讓它成爲能改變自己的同伴。尼克勞斯在改變高爾夫揮桿姿勢後，又陸續戒菸、減重，成功改變他的人生，這就是最具代表性的例子。

我們的夢是潛意識的寶庫，所以如果能夠理解、並控制所做的夢，就可以更深入地了解自己。當你了解自己之後，在與自己對話的同時，也能藉此改變自己。

清醒夢是一種依照自己的意志去控制夢境的經驗。每個人要達到能做清醒夢的境界，所花費的時間各不相同。有的人只要嘗試幾天就能成功，也有人經過好幾個月，還是無法順利做到。

最重要的還是做夢者的意志。只要認清這是做夢，而且努力明確地想要介入及控制，就有可能將夢境導向自己想要的方向。

清醒夢的權威者史蒂芬・拉伯吉（Stephen LaBerge）博士曾經說過：「最重要的是要把夢記下來。如果能夠每天持續寫下夢的日記，你就可以更輕易地熟悉做清醒夢的技巧。」

夢的日記原則上要在醒來後五分鐘內記下。因爲一旦超過五分鐘，通常就會忘記夢的內容。夢和水一樣，即使想用手去盛裝，它仍然會流失掉。當你做夢醒來，你的意識會隨之回神，這時腦中想的全都是該做的工作，或是其他煩惱。在這短暫的片刻，你的夢就不留痕跡地消失了。

可以像愛因斯坦一樣，在枕邊放筆和筆記本，醒來後馬上記下來。只要記下重點，如果不方便寫，也可以先用MP3錄音，之後再抄在筆記本上。

當你開始寫夢的日記之後，你會更容易記住夢的內容。養成每天記錄夢境的習慣，等達到一定份量時，就能掌握自己做夢的模式。

夢的日記，可以視爲一種在意識與潛意識間鋪上墊腳石的具體行動。兩種意識雖然共存，但潛意識經常沉潛在意識之下。不過在夢裡可以讓潛意識現出原形，所以夢的日記也等於是一扇能窺視自己內心世界的窗。

透過夢的日記與清醒夢相遇，再透過清醒夢，大幅改善生活。

不過不少試圖挑戰清醒夢的人，在寫了幾天夢的日記之後，就決定放棄。因爲要每天寫，聽起來簡單，做起來卻不容易。通常醒來後都會想再多躺一會，翻來覆去一陣後就忘記夢的內容，或者是再度入睡。

在睡醒後五分鐘內寫下夢的日記，這不算什麼大不了的事。但是如果能持之以恆做這件小事，藉此與潛藏的內心世界進行坦率的對話，並照著自己期待的模樣去改變，這就絕不是小事了。夢的日記是一個能窺視自己內心世界最簡單平易的方法。

此外還有一個附屬效果。寫完夢的日記之後，你會豁然清醒，然後神清氣爽地開始美好的一天。

25

仔細閱讀報紙

我每天早上都會因為看報紙而把指尖弄得烏黑。
透過報紙和書本，多多體驗吧。

——艾文・托佛勒（Alvin Toffler）
未來學者

K在去年畢業的同時，也順利進入大企業工作。他在學業成績或多益測驗分數、作品得獎經歷上，都沒有特別突出的表現，只不過是眾多平凡應徵者中的一個。不過他在面試中卻以優異的應答內容，受到應試官的青睞，所以幸運錄取了。

當時面試問題中最棘手的，是與政治圈的尖銳矛盾有關的題目。那時候應徵者根本沒想到，在大企業的面試中會問這種問題，因爲這個問題太敏感，一不小心就會招來所謂思想檢查的批評。

一旁的應試者原本對其他問題對答如流，但是一聽到這個問題，講話就開始結巴起來，最後回答的方向也是前後矛盾。加上後續又問了一些相關的問題，他的臉色愈來愈白，只是一味重複說：「我不清楚。」

K的表現則不同。他一聽到這個問題，就將問題分成兩個角度來說明自己的見解。一個是從「名與情緒」的角度來分析，另一個則是從「利與經濟」的角度來探討。

面試官面帶微笑聽著，最後開始反問他：

「我了解。但是如果在不得已的情況下，必須兩者選擇其一，那你會選擇哪一個？」

K仔細思考一下之後回答：

「我無法放棄這兩者。如果要選擇其中一個，其實就等於也放棄了另一個。我寧願換個角度想，去尋找一個可以同時滿足兩者的方法，這才是正確答案。」

K看到面試官頻頻點頭，感覺充滿了希望。而他的感覺一點也沒錯。

K從小就養成看三份報紙的習慣，包括兩家綜合性日報，再加上一份經濟新聞。從小他就看著公務員的父親每天一大早看報紙。父親如果看到報紙有任何有趣的專欄，還會剪報給孩子傳閱。

兩份綜合日報的風格完全不同，對於相同的事件，兩家報社所持的論點剛好彼此相反。K說：「在看報的同時，也可以比較兩者的不同，這點對於我整理個人的看法很有幫助。」直到現在，K仍然維持一邊讀報、一邊剪報的習慣。他將這些剪報匯集成資料，而這些剪報在擬定公司企畫案時也常會用得到。

近年問到大學生有沒有看報紙時，他們幾乎都回答：「我都是看網路新聞。」要忙著應付課業，還要準備就業，哪會有時間看報紙呢？

他們都是看入口網站提供的新聞，這些新聞多半是演藝圈的消息或是體育新聞。至於政治、經濟、文化方面的新聞，只有出現在首頁時，人們才會點下去瀏覽。很多人是透過電腦看新聞，但是看了以後不代表能眞正了解。網路新聞的盲點，就是讓瀏覽新聞的人誤以爲自己了解這世界發生的事。

很多人會問，既然網路上有新聞，爲什麼還要看報紙？他們覺得兩者沒什麼不同。不過「瀏覽網路新聞」和「看報紙」確實有很大的差異。我們在電腦畫面上看網路新聞時，多半不是閱讀，而是在瀏覽。因爲我們已經習慣這種瀏覽的方式了。

新聞提供者也有錯。因爲他們喜歡將吸引人的刺激素材集中放在首頁，而這種新聞通常都是演藝界的相關消息，所以內容簡單，只要大致看一下就可以了。

瀏覽和精讀不一樣，瀏覽只是一種判斷整體感覺的程度。通常所謂的「瀏覽」，應該是先大致閱讀，然後作爲決定是否精讀的前置作業。

相反地，閱讀卻是一段仔細鑽研的吸收過程。在看完每個段落的意義之後，可以判斷前後文的內容，然後整理出整體的脈絡，有時甚至需要發揮想像力。和瀏覽相比，閱讀的速度雖然比較慢，卻具有能夠充分掌握整篇文章的優點。它和瀏覽文章、然後只對引人注目的標題特別有反應的情況不同。

尤其看報紙和瀏覽網路不同，報紙會將每天國內外所發生的事綜合編輯，如果能一張張仔細閱讀，想法就能變得更有深度。

也許有人認爲：「因爲不喜歡報紙的論點，所以不看。」這種說法只不過是藉口罷了。立場與自己不同的報紙才更需要看，如果能常接觸相反的觀點，自己的想法才能更精確、更扎實。報紙是可以讓想法沉澱、而且更加有發展的空間。

所以讀新聞不僅可以培養邏輯思考能力，同時也會對條理性的表達能力帶來正面的影響，可以讓自己變得更成熟。

因此社會上的領導人物多半都會閱讀兩、三種報紙，而且會從報紙裡尋找構想和機會。他們領悟到從「讀者」變成「領導者」的祕訣。

以K的情況來說，在面試中很清楚地看出讀報紙和瀏覽網路新聞的差異。因爲所謂的面試，就是一個要在短時間內集中完成對話、並對應徵者的思考廣度做出判斷的場合。不斷在網路上找面試要領和標準答案，只不過是提高可以與別人競爭的機率罷了，根上比不上長期閱讀報紙、經常思考整理的競爭者。

艾文．托佛勒在著作《財富的革命》（*Revolutionary Wealth*）中就強調，將資訊洪流中不斷湧出的「死知識」加以過濾的能力，正是決定未來財富的關鍵因素。因為資訊過剩而帶來的混亂，最後很有可能導致知識的缺乏。他的分析認為，能夠提供嚴選高品質資訊的報紙，在未來會扮演更重要的角色。

托佛勒將報紙視爲「知識和資訊的寶庫」，而且他都是在閱讀六、七種全球性報紙後，才開始一天的工作。

・閱讀五種以上的報紙，然後作成剪報。除了畫線以外，也會備註一下自己的想法。這樣的筆記已經有八本了。報紙是我的思想寶庫。

——喜劇明星金在東

・我每天早上都會仔細閱讀報紙。報紙是可以提供靈感及能量的來源。

——前三星電子社長黃昌圭

・應該關掉電視，然後多讀書及報紙。一定要讓孩子知道，「黑人閱讀只是在模倣白人」這種虛僞宣傳是錯誤的。

——美國前總統歐巴馬

・想了解這個世界，就先從閱讀報紙開始。吸收世界上發生的事，才會知道自己對什麼事情有興趣。了解得愈多，求知的渴望也會更高。

——投資家華倫・巴菲特

26

隨身帶著一本書

讀一本好書，
彷彿是與過去的偉人談笑風生。

——笛卡兒

哲學家

每到新年，他就會下定決心：

「今年一定要看五十本書。」

即使一星期看一本，也還多出兩星期的時間，這個計畫要實行並不難。不過這個決心別說是一個月，通常持續不到十天就中斷了。

今年他爲了表示一定要成功的決心，特地跑到大型書店買了幾本書回來。首先他將目標設定在公司推薦的一本書，公司從社長到常務、部長等等全都在討論這本書，這段期間他還爲了假裝看過這本書而提心吊膽。

「到底是寫些什麼，爲什麼會這麼熱門？」

導讀部分看起來還不錯，但是稍微後面一點就開始出現艱深的詞彙。他的精神變得無法集中，而且感到枯燥乏味。此後又和去年一樣，只要一翻開書本就打瞌睡，日復一日。

太太對著把書蓋在臉上睡覺的他說了一句話：

「別老是把書本當成安眠藥，要不要試試看把書帶在身上，以方便隨時閱讀？坐地鐵時可以看，午休時間也可以看，這樣不是很好嗎？」

第二天，太太就送他一個側背的背包當禮物。

他將書放在背包裡，只有上、下班時才拿出來看，沒想到一天也看了超過三十頁。此外，在看牙醫候診時可以翻個三、四頁，下班後晚餐約會等人時也一樣。

如果碰到比較難懂的地方，只要先翻閱就好，不要勉強自己去了解，避免對書本內容生厭。等看到後面時，前面不了解的地方自然會慢慢有所領悟。養成隨身帶書的習慣之後，讀過的書很快就增加為兩本，沒多久又變成了五本。不管在哪裡，只要一有空檔，就會把書拿出來看，他也開始感受到放在書架上的書一本本增加的樂趣。搭高鐵去外縣市出差時，他就會放兩本書在背包裡，以免帶去的書都看完之後，回程沒有書可以看。

在付諸行動讀書的過程中，他體認到一件事，那就是「沒時間看書」是最幼稚的藉口，同時也是謊話。找這種藉口的人認爲「看書需要撥出時間」，但是他們就算有時間，也不會拿來讀書，多半還是用來看電視或是打電玩遊戲。

愛看書的人並不是因爲時間多而看書，而是盡可能利用瑣碎的時間看書。站在地下鐵裡發呆的時間，在約會場所等人的時間，一個人吃三明治的時間，這些時間都可以打開書本。隨身帶著書，就可以利用瑣碎的時間讀書，而不是像當初所認為的還要另外撥出時間看書。

爲了看書，首先要做的就是從「隨身帶書」開始。仔細觀察地下鐵或公車裡的人，幾乎都是站在那裡發呆，要不然就是聽MP3音樂。

大家都知道爲什麼要讀書，因爲讀書可以培養直觀與洞悉事物的能力，讓人變得更有智慧。我們在生活中可以看到各式各樣的書籍，有時會與複雜的內容纏鬥，有時則會從淺顯的內容中頓悟出深奧的道理。

每個人都知道，讀書會讓生活更充實，但爲什麼還不讀書呢？這是因爲社會上鼓勵讀書的風氣已經遭到扭曲所致。鼓勵的標準不是在對方，而是在於自己。

學校總是推薦孩子讀一些枯燥乏味的書，或者指定必讀書目，強迫他們讀書，這種做法反而像是故意讓小孩子排斥讀書一樣。而父母也只會買給孩子一些對課業有幫助的書，這些書連大人看了都會忍不住打呵欠，孩子又怎麼看得下去呢？

出社會後也一樣，盡是鼓勵大家看一些艱澀難懂的書，彷彿在炫耀自己看的書水準很高。書等於是「披著知性外衣的自我炫耀工具」，如此一來，人們便對讀書產生嚴重的心理障礙。書無法變成遊戲，反而變成讓人感覺有負擔的義務。

大家都知道應該讀書，也都知道讀書的好處，但是因爲小時候對讀書留下了痛苦的記憶，所以不想再靠近書本，甚至以沒有時間爲藉口。即使好不容易下定決心要讀書，所選擇的也都是一些用來向別人炫耀的高難度書籍，或是選擇因應潮流、暢銷的厚重經濟學書籍。然而，選擇這種書通常不會讀超過五十頁，不久就被拿去當端拉麵的托盤了。這種過程會讓讀書離生活更遠，而且完全喪失讀書的趣味了。

與書本親近最簡單的方法，就是挑選適合自己程度的書籍。只有當不

在意別人的眼光時，才有可能真正與書本親近。

如果能隨身帶一本適合自己程度的書，隨時翻閱，就能體驗到沉浸在書中渾然忘我的樂趣。不管是小說、散文、還是武俠誌，都沒有關係。一旦對讀書產生興趣，有時還會因爲看書而在坐地鐵時坐過站。

此外，每週逛一次書店也是不錯的方法。書店是個可以啓發無限可能的地方，不妨在那裡找找新書，把自己喜歡的書拿起來翻一下吧。

挑選書籍時，只需遵守一項原則就可以了，這個原則很簡單，就是選擇簡單有趣、而且有把握一定能夠看完的書。只要將書架上的書拿下來瀏覽一遍，很快就可以知道哪一本可以全部看完，哪一本看到一半就會放棄。

所選的書如果超過自己的程度而難以理解，就會使上下班或是約會等人的時間變得更加無趣。尤其當這本書是因爲考慮到別人的眼光而選擇時，壓力會再加倍，結果會導致與書本間的距離再度擴大。

書可以維持人生的均衡。在讀書的同時，我們可以反省自我，然後在不足的部分加一塊槓片，多加磨練；讀書也可以提供靈感，幫助我們達成自己設定的目標，使我們可以用更多元的觀點來看世界。

隨身帶一本書閱讀，能讓原本沒有意義的時間變成幸福的時光。在坐地鐵移動的時間，以及等人的空檔，我們都可以愉快地獨自度過這段時間。

帶一本書在身上，這件事只需要每天花一點心思，任何人都可以做得到。這同時也是在爲自己的未來投資。人們常夢想著退休後在溫暖的陽光下愉快讀書的畫面，沒有人希望自己退休後無聊到不知該做什麼。但是若現在沒有養成讀書的習慣，在遙遠的將來更不可能一夕之間與書本靠近。

如果覺得隨身帶一本書很麻煩，要不要趁這個機會從準備一個自己喜歡的背包開始？

27

每週一次，從不同的路線上下班

要尋找有創意的構想，就走到外面去吧。
天使會對外出散步的人說悄悄話。

——雷蒙·因夢（Raymond Inmon）

有一種現象稱爲「梅迪奇效應」，它是指各種不同的領域在經過碰撞及融合後，所產生的創造與革新的大改革現象。這個名詞出自文藝復興時期的義大利，在當時的梅迪奇家族資助下，具有不同才華與知識的藝術家、科學家、詩人、哲學家得以相互交流，並藉此激發出創意與革新。

中世紀是極爲封閉的時代。無論是藝術、科學或哲學，都必須受限在神學的範疇之內，而且不得超越各自的領域。也因此，若有人無法滿足現有形式而出現任何一點超越界線的想法，最後都得交出性命。不過，在梅迪奇家族的強大力量庇護之下，眾人逐漸接受大膽的發想與應用，到最後各式各樣的人與不同的文化在「梅迪奇效應」的交叉點之下，開啓了文藝復興的新時代。

梅迪奇效應最具代表性的人物就是米開朗基羅。他是有名的雕刻家，也是建築家、畫家與詩人，年輕時曾在梅迪奇家中活動，並與哲學家、史學家、科學家有密切的交流。

若說翡冷翠的梅迪奇家族有米開朗基羅，那麼在米蘭就有接受斯福爾札家族資助的達文西。他靠著米蘭斯福爾札貴族的支援，得以一一接觸雕刻、發明、建築、解剖學、植物學、都市計畫、天文學、地理學、音樂等各種領域。

米開朗基羅和達文西的共同點，就是對各種小事都懷抱高度的好奇心，而且只要發現身邊有任何奇特事物，兩人都有立即素描下來的習慣。

Y每週至少會找一天利用不同的路線上、下班。這一天他會較平常更早出門，一來是怕遲到，二來是希望能有更充裕的時間去發掘新的事物。

基本上，他會試著從第一次走的巷子去開發出到達地鐵站的新路線。如果時間還早，他也會繞路走相反的方向，甚至隨興提早一站下車走路。

他一邊走、一邊環顧四周，不管是人行道上的工程，還是商店的獨特招牌，他都會仔細觀察。要是看到什麼新奇的事物，就馬上用手機相機拍下來，看著街道上的陌生景象時，心中還會浮現過去的記憶。

有時他會陷入各種沉思之中，比如將現在的景象與以前經過時看到的景象比較，確認這裡產生什麼變化等等。要是眼前出現一家沒看過的外食連鎖店，他就會去門口拿店家發送的折價券，等週末時帶家人一起去吃。

Y在廣告代理公司擔任文編，主要負責金融業方面的廣告。不過他從看似與金融業毫無關聯的街頭中去尋找靈感。

「雖然在很多地方都可以找到靈感，但是因為隱藏在過於熟悉的日常生活中難以發現，所以我會選擇完全不同的路線，給自己帶來一些新的變化。藉由全新的經驗，讓自己擁有新的視野，去將那些靈感找出來。」

哈佛大學企管研究所曾經對史蒂夫．賈伯斯（Steve Jobs）等革新型企業家進行分析。研究結果顯示，從創意型企業家身上可以找出以下幾項與一般企業家不同的特質。

他們總是不安於現狀，經常在找尋新的可能性。他們也會分配比一般企業家多五〇%以上的時間，投注在發現新事物的活動上。

根據分析結果，他們會透過各種實驗，不斷經歷新的體驗，探索新的世界，同時也會與各種不同的人交流，不停地試圖從他們身上獲得新的觀點。

在這個過程中，創意型企業家會蒐集各種資訊，開發出屬於自己的洞察能力，而且在最後發現新事物時，還會像完成心願的小孩一樣高興地歡呼。

大部分的人都不喜歡脫離自己常走的路線。因爲這條路線最方便，也是我們經過幾次嘗試錯誤後，所找出的最快速道路。

這和方法也有關聯，人在讀書或工作上都會表現出類似的情況，也就是不管什麼事，都只想依照平常的方式去處理。可是這種因循的結果，會使人付出某種代價，因爲尋找新事物的眼光會受制於安逸的心態，而且人對於變化會產生抗拒，最後就落入觀點陳腐或老舊的陷阱裡。

「改變上、下班路線」之類的小事不僅可以引發追求變化的本能，同時可以讓人維持敏銳的感覺。並不是非得要長途旅行這種大手筆投資，才能喚醒心中沉睡的挑戰精神。

即使平常只投資幾分鐘的時間，都足以找出一條新的路，給自己一個新的機會。也就是說，小小的挑戰會帶來更新的挑戰。

天才愛因斯坦的腦部和一般人有什麼不同呢？在愛因斯坦死了之後，神經科學家的心情都沸騰了起來。因爲他們認爲只要對愛因斯坦的腦部進行精密的分析，就可以解開天才的祕密。

不過結果令他們很失望。因爲愛因斯坦的腦部從外表、大小看起來，和一般人並沒有什麼不同。

然而，部分的學者卻發現一些微小的差異，那是很容易被忽略的小差異。透過電子顯微鏡觀察的結果，分布在愛因斯坦腦部前額葉皮質中的神經元，比一般人的腦部更爲稠密。此外在頂葉的部分區域中，輔助神經元的神經膠細胞數目反而比神經元更多。

有些學者推論，因爲愛因斯坦的好奇心，以及他試圖解開好奇所進行的各種挑戰，才使得他的腦部留下這些微細的差異。

28

靜靜坐著觀察周遭的人

偉大的發明種子，總在我們身邊飛來飛去，
只有當心中做好接受的準備時，才能扎根。

——喬瑟夫・亨利（Joseph Henry）

物理學者

美國卡拉威是世界頂級的高爾夫用品製造商。一九八二年由艾力・卡拉威（Ely Callaway）創立的卡拉威公司，只不過是生產一般用品的小公司，不過在一九九一年推出名爲「大百發」（Big Bertha）的發球桿後，卻成功扭轉了公司的命運。

艾力・卡拉威到加州高爾夫俱樂部，仔細觀察那裡的人，發現一項令人訝異的事實。儘管一般人的觀念都認爲高爾夫球是退休的有錢人喜愛的代表性運動，不過令人意外的是，喜歡打高爾夫球的老人並不多。尤其卡拉威發現，連身體健壯到可以打網球的老年人也對高爾夫球興趣缺缺，這點令他非常驚訝。再怎麼說，打網球還是一項比高爾夫球更激烈的運動。

他和老人談過之後，才了解到原來很多人是因爲擔心揮空桿會丟臉，所以不打高爾夫球。老人家需要的是一支閉著眼睛都可以打到球的發球桿。卡拉威將球桿桿頭加大，以降低揮空桿的機會。

號稱「發球桿革命」的大百發就此登場。卡拉威在推出大百發的同時，也在高爾夫用品市場占有絕對的優勢。「大百發」取名自第一次世界大戰所使用的大砲，它也如其名，具有大砲般遠距離、命中發射的意義。

一九三三年，美國通用汽車公司遭逢空前的危機，這個危機起因於高級車種凱迪拉克。從一九二一年起，凱迪拉克就以富有階層爲銷售對象，它的訂單在一九二九年經濟大恐慌後急遽下滑，並開始影響公司的營運，於是公司陷入是否應放棄凱迪拉克的掙扎。

當時公司裡有一名叫做尼可拉斯．德雷斯達特（Nicholas Dreystadt）的主管，他在參觀大都市的維修中心時，發現一個奇特的現象，那就是很多修理完畢的車輛都是由黑人開走的。經過確認之後，他得知這些黑人即是車主。

當時是種族歧視最嚴重的時期，像凱迪拉克之類的高級座車不可能賣給黑人，但是黑人竟然開著凱迪拉克出現，然後在修理完畢後把車開走。德雷斯達特想到，像拳擊手、歌手、醫師等黑人的菁英階層確實具有購買凱迪拉克的財力，而他們也希望藉著凱迪拉克來當作「成功的象徵」。他們因爲種族歧視，所以無法購買高級住宅，無法進入高級餐廳，卻可以花錢請白人出面代爲購買凱迪拉克。

德雷斯達特向公司建議，如果能將凱迪拉克賣給有成就的黑人，就可以解除關閉生產線的危機。在當時，賣高級座車給黑人是一件讓人無法想像的事，通用汽車公司在一番激烈討論之後，決定將凱迪拉克賣給黑人。到了隔年一九三四年，凱迪拉克的銷售足足增加了七〇%，突破了損益的分界線。

革新，隨時都可以從眼睛開始。觀察可以培養洞察能力，而洞察能力又與創意息息相關。

被稱爲點子王的人，多半具有觀察他人的興趣。他們細心觀察別人的外貌或表情、肢體語言等等，不過並不是睜大眼睛像在搜索什麼重大事物一般，而是輕鬆地觀看，以滿足自己旺盛的好奇心。這樣的人多半對新的事物都具有特別的欲望。

「那個人爲什麼穿這種衣服？」

「那個女孩子，講了多久的電話？」

這些行爲看起來似乎毫無意義，不過對於好奇心強烈的人來說，日常生活的小疑問很容易就對他們形成誘惑。像這樣經過觀看之後，觀察力自然就會變好。在看一些日常的事物時，角度也會與別人不同。

相信同業中，一定有人比卡拉威更早發現老人不喜歡打高爾夫球的現象；通用汽車公司的經銷商應該比德雷斯達特更早看到黑人所掀起的凱迪拉克風潮。但是卡拉威和德雷斯達特觀察的眼光卻與眾不同。

他們的看法不會因爲多數人的觀點而輕易產生動搖，但也不是單純的固執，因爲他們了解到外表上的不同必然存在著差異。如果發現外在的不同，他們就會用愉悅的心情去挖掘內在的部分。因爲對他們來說，脫離常識或常規去尋找新事物是一項樂趣。

卡拉威透過老人不喜歡打高爾夫球一事，找出他們「害怕揮空桿」的原因；德雷斯達特也透過凱迪拉克的地下交易，發現潛在的「黑人富有階層」新市場。只要能掌握內在的部分，最後就可以創造出新的法則，或是開啓一扇具有可能性的大門。

接下來，觀察的範圍要擴大到觀察對象所處的環境，然後再注意觀察對象與環境如何達成協調，藉此更有系統地了解觀察對象是依據何種動機與角色去運作。觀察得愈多，領悟到的事情也會愈多。

所以卡拉威製造出有超大球桿頭的大百發球桿，讓老人閉著眼睛都可以打到球。這在當時的高爾夫球界是一項足以開啓新規則與可能性的革命。在大百發球桿登場之前，沒有人會去注意發球桿的桿頭大小。

德雷斯達特創造出黑人也可以公開購買凱迪拉克的法則，藉由對黑人的銷售，開啓公司起死回生的可能性大門。

從現在的觀點來看，卡拉威和德雷斯達特看起來好像是因爲運氣好，所以才能成功。其實應該是「只要好好觀察一次，成功就會尾隨而來。」

以往的革新——尤其當它是來自別人的洞察時，看起來都會覺得沒什麼，這是一般人的心理。雖然現在看起來簡單又理所當然，好像任何人都想得到，不過在當時若是沒有如此敏銳的觀察力，或許這些成功的祕密就無法被發現。

阿基米德或牛頓也是一樣。再怎麼說，他們也只不過是突然察覺到別人所看不到或是容易忽略的微小差異，但那些微小的差異，正是本質上的差異。這就是偉大的發現。

「靜靜觀察」是和對方經過內在交流、進而引發改變之前的平靜狀況。也因此有的人喜歡坐在露天咖啡座，手裡端著熱咖啡，靜靜地看著來來往往的人們……

29

電腦關機再下班

有一天，
你若發現自己身陷堆積如山的文件中，
要明白那是自我所設下的陷阱。

——凱倫．金史頓（Karen Kingston）
空間淨化顧問

許多上班族都是任憑電腦開著就去吃午餐，有些人甚至下了班也不將電腦關機。職場中眞正需要用電腦處理事情的時間最多七、八小時，其他的時間只不過是徒增耗電量罷了。

根據統計，假設有十萬名的上班族，每到午餐時間或是下班前，先將電腦關機，那麼每小時可省下二六八〇瓦的電力，等同減少一〇七輛車子上路。若換算成二氧化碳，等於降低一六一五・七公斤的二氧化碳排放量。

某公司的M組長決定與部門組員一起實行「電腦關機再下班」運動，他認爲既可以降低二氧化碳排放量，也能提升業務的處理效率。

M組長與後輩相處的一年以來，有好幾次眞的到了怒氣沖天的地步，但都強忍下來。在雜亂無章的環境中，總是出現令人爲之氣結的錯誤。老是犯錯的職員有個共通點，那就是下班時電腦永遠不關機。他們的辦公桌上堆著好幾個星期以來連翻都沒翻過的文件，空間全被零亂的文件和資料堆滿，而工作就在這當中進行。

就在某天，有一份重要的文件不見了。整個部門全體動員起來，翻箱倒櫃、引起一陣騷動，但仍然沒能找到遺失的文件。最後只好打電話向對方請求再傳眞一份資料過來。M組長好不容易解決燃眉之急後，就召集全體組員到會議室集合。

「從今天開始，下班時務必將電腦關機，並且整理座位之後再離開。我會把它列入考績評分中。」

這時傳來了細微的聲音，不知道是誰在低語抱怨著：

「眞是有夠計較……」

也許眞的是太過計較，但是很少人知道，這些毫不起眼的小事，其實就是「成功的技巧」。

如果仔細觀察那些獲得他人肯定的人，會發現他們都有個習慣，就是事情處理完之後，都會花上幾分鐘的時間整理桌面。

他們不把非業務範圍的整理工作當作瑣事，而是視為下班前最後的工作，因而樂此不疲。一邊關機一邊整頓的同時，可以檢視目前的工作進度，也會覺得離目標更近一步，價值感也油然而生。

電腦關機加上整理桌面的時間，只需五分鐘就綽綽有餘。有些人認爲讓電腦待機，隔天一早便可以直接進行工作，效率會更高。這種說法乍聽之下好像很有道理，但實際上並非如此。

前一晚和隔日早上是截然不同的情況。昨天的資料明明放在顯眼處，但今天早上就突然遍尋不著，於是東找找、西找找，最後只好重新再準備一份資料，反而浪費更多的時間。因此，下班之前先整理桌面的習慣，並非延後下班的時間，而是賺得次日的時間。

接著來觀察那些擅長整理的人擁有哪些明顯的特質吧。

獲得高度評價的人，他們的桌上不會堆積文件或書籍，而是加以分類放置。如果隨意堆放，到了臨時需要的時候很難馬上找到。雜亂堆放會使人不便取出資料，於是忽略仔細翻找，很可能讓堆積在底部的文件被延遲處理。

另外，有些人在下班前會清除桌上所有的東西，也就是充分運用抽屜或置物櫃的收納空間。唯有在需要的時候，才會拿出要用的東西放在桌上。如此一來，可以讓自己的視線不分散，更容易全神貫注於眼前的工作。

有些人一收到報告文件或參考資料時，絕不會塞入桌子角落或抽屜中，而是立刻檢視、當下進行處理。他們不認爲資料愈多愈好，而是應該立即檢討處理，才不會堆積久了之後，反倒遺忘而導致工作受阻，這就是防患未然。

大多數人總是抱著「有一天應該會派上用場」的想法，於是堆積許多不必要的東西。但是，其中多達六五%是我們根本不會使用到的東西。

立即處理的習慣也延伸爲下班前仔細整理的過程。將桌面上的東西清理乾淨之後，就能以一種輕鬆的心情下班。

下班前的整理工作其實是進行自我檢討。藉由清理一整天下來累積的資料和文具用品，自我省思今天是否努力踏實地度過一天。如果當天的工作成效令人不甚滿意，透過桌面的物品就能夠找出原因。

電腦關機和按下重新開機鍵是一脈相通的道理。將辦公桌清理乾淨，就是為了明天的工作而設定好「重新開始」的狀態。

上班族的形象大多來自於辦公桌。即使因爲出差或外勤而離開座位，辦公桌仍然佇立在原處，向上司或後輩顯現出主人的形象。上司在評斷我們的時候，辦公桌常常是一個很重要的基準。辦公桌就是我們的另一張臉孔。事實上有些上司非常在意職員的辦公桌狀態。

目前有部分的外商公司和大型企業對內部全面推行「辦公桌整潔」運動，一方面進行整理和整頓，一方面致力維持保安機制。

只要每天投資五分鐘整理辦公桌，就能維持良好形象。第一步就從電腦關機開始。

下班前的五分鐘，是爲明日做好一半的準備。與其熬夜加班之後，匆匆忙忙地急著趕回家，不如稍微提早一點結束工作，整理好桌子之後再下班。如此一來，隔天早上便會神奇地感受到不同之處。在乾淨整齊的位置坐下，前一晚加班時沒能想出來的好點子，常常會在此時突然湧現。

下班前的整理工作，如同爲次日能朝氣蓬勃地開始工作埋下伏筆。有些人下班前會依照隔天的待辦事項，先準備好要著手進行的部分，再將電腦關機下班，隔天早上入座之後，便能根據留下的線索，順利展開工作，也因此能夠輕鬆地完成一天的事務。

30

裝做不知道

內心的痛楚，
不是來自於生氣的原因，
而是發怒之後招致的結果。
——奧瑞里烏斯．安東尼努斯（Marcus Aurelius Antoninus）
羅馬帝國皇帝

「有沒有看到我的工作證？我明明放在皮夾裡面，怎麼不見了？真是見鬼了。」

「這樣啊……你再找找看嘛。」

「啊，難道放在襯衫口袋裡沒拿出來？老婆，該不會是被妳丟到洗衣機裡洗了吧？」

「……」

太太默默洗著碗，先生則是從房間到曬衣間不停奔波翻找，結果仍是徒勞無功。這就像有人把孩子背在背上，卻花了三十年時間苦苦尋找孩子的寫照。

「這下糟糕了，工作證弄丟的話，我可就麻煩大了。不但得到一樓行政櫃檯寫申請書，才能申請臨時證，也沒辦法去員工餐廳吃午飯……唉呀！已經這麼晚了？我快遲到啦！」

「啊……那個……」

一股怒氣湧上心頭，太太差點就忍不住脫口而出：

「那個鞋櫃上面掛著的東西，不是工作證是什麼？」

太太顧不得手上還戴著塑膠手套，連忙摀住嘴巴。

「啊！原來在這裡。是我怕忘記帶走，才掛在這裡的嘛。總算沒事了，我出門了。」

太太送走先生之後，深深嘆了一口氣。

算算日子，下定決心以全新的態度過生活已經過了一個月又六天，剛開始聽到講座中傳授的內容，眞是感到荒謬可笑，因爲講座當中傳授的祕訣，竟然只是「裝做不知道」。難道光憑這樣就能改善夫妻關係？

我們大多數人都是「健忘專家」。每當提醒自己，我們所愛的人「其實本性就是這樣」，卻又常常忘記。而我們也是「欲望專家」，總是對人抱以過多的期待，於是經常要求對方做不合乎本性的事情，而且視爲理所當然，不但忽略對方的意見想法，咄咄逼人，還諸多抱怨。

「這就是你的缺點，所以我才告訴你要馬上改掉啊！」

「怎麼只有這點成績而已？你明明更有本事的啊！」

對方已經盡了力，而要改變其本質，絕不是件簡單的事。當對方顯露出本性時，我們便會產生一種絕對無法忍受的心態，這是因爲起初懷抱的期待太高又太多，因此伴隨而來的失望也就更大。失望轉換成背叛的感覺，化成憤怒爆發出來，結果造成對方更大的傷害。

我們不斷因爲失望和傷害而感到痛苦，原因來自於大多數的人都是「錯覺專家」。將自己所愛的人的行爲和情感放在同一個天秤上衡量，非理性地誤以爲兩者是一樣的，總是想要把對方做的一切行爲加以評斷，認爲這全都是「出自於對我的愛」。

所以，即使已經清楚了解對方事實上並非自己期待的那種人，卻仍然不斷抱持期待、又不斷失望，反覆的結果就導引出「他一定是不愛我，才會那樣做」這樣的結論。

因此，每當見到對方，就對他所做的一切行爲感到厭惡，開始產生惡性循環。這樣的問題該怎麼解決呢？

太太按照講座教導的內容，簡單地列出方法：

「什麼事情要告訴先生，什麼事情該裝做不知道，我一項一項思考，然後寫成清單。我下定決心，看到他的優點，給予稱讚的話；看到他的缺點，絕對什麼話都不要說。」

對於先生的優點給予稱讚，這點並不難做到。先生下班之後，太太會要求他早點回家，盡量增加彼此相處的時光。譬如一起去超市買菜，回程時將提重物的工作放心交付給他。

另一方面，對於缺點要裝做不知道，真正實踐起來可是一點都不簡單。一邊忙著四處撿拾先生脫下的換洗衣物，還要一邊忍住不嘮叨抱怨，簡直比在學校微積分考試中拿一百分還要難上加難。先生吃飯的時候，菜湯殘渣沾得到處都是，還一邊吃、一邊咬得咂咂作響，更是令人難以忍受。每當先生慌亂找著關上電源的手機，或是不知道自己把鋼筆丟在公司而在家裡到處尋找，找到連沙發都掀起來了，此時太太總是需要發揮超乎常人的忍耐力。

但是奇妙的事情發生了。裝做不知道的次數增加之後，吵架的次數反而減少。先生花在尋找遺失物品的時間也少了許多。仔細想想，其實一點都不令人意外。因爲以前總是一邊找一邊爭吵，於是得花更多時間反覆尋找。而且餐桌上也不再像以前那像，到處沾滿滴落的菜渣。

太太親身實踐之後，才恍然覺察「裝做不知道」的奧祕。一旦看到先生的缺點，如果先裝做沒看到、不去在意，就會有充裕的時間將現實和情感分隔開來。

先生吃飯的時候，常常掉得滿桌都是的習慣，以及老是像無頭蒼蠅似地到處找東找西，只不過是現實生活中會出現的情況，這和他對太太的感情完全是兩回事。先生原本就是粗心大意的人，要改變這樣的性格不容易，這也是現實生活的情況。

因爲「裝做不知道」而產生的充裕時間，也讓雙方能夠好好思考如何和平共存。不耐煩和嘮嘮叨叨、吹毛求疵的頻率也大幅減少。

太太其實大可以繼續凡事都挑明地說。認爲自己什麼都知道的人，看到所愛的人顯露缺點時，常常會說出這樣的話：

「都是因爲你太粗心大意。」

「我不是早就說過了？難道你把我說的話都當作廢話？你是瞧不起我，故意當作耳邊風對吧？」

認為什麼都知道，和裝做不知道的差別，其實就在於一個「小小關鍵」。只要忍住這一個小小的關鍵點，就能把知情變成不知情，彼此相安無事度過。由於我們無法跨越這個小小的關鍵點，才會讓日常生活中的小事演變成大紛亂，還為此受苦。

裝做不知道獲致的結果，就是藉由絕望來獲得永久的和平。這是那位太太某天得到的領悟。或許也是因爲體認到絕對不可能將對方的缺點連根拔除，於是再次讓自己認清事實之後，接受對方就是這樣的人，便毅然決然收起偏執的態度，因此能夠以輕鬆的心情去感受生活中滿懷的喜悅。

我們一定曾經聽過幸福快樂的年長者說的話：

「快樂哪有什麼祕訣？只要睜一隻眼、閉一隻眼過日子就行了。」

這些長者應該也曾經面臨過無數次的選擇交叉路，並在不斷累積經驗之後得到領悟。他們領悟到的事實就是：什麼都知道和裝做不知道之間，正是小小的關鍵點。

31

壞消息別用電子郵件告知

不好的態度，連理性和公義都能破壞，
純熟的態度則是懂得掩藏厭惡之色。

——巴爾塔沙·葛拉西安（Baltasar Gracián）

耶穌會教士、作家

某家創投公司的經營者K社長，由於嚴重的資金短缺問題，最後做出裁員的決策。經過苦心思慮之後，他決定在十四名職員當中裁撤其中三名。不過在這些人面前，他實在是不忍心開口。這三名職員的業績雖然不怎麼好，但是把他們叫到跟前，說公司經營困難，要他們另謀高就的話，他實在是沒有勇氣說出口。

於是K社長暗自決定用電子郵件來告知。他一心認爲，只要將眞心誠意轉化爲文字，就能得到他們的諒解。因此他在信中提及公司目前面臨的困境，最後也不忘對他們叮囑一番。

寄出電子郵件之後，他在部門來來回回踱步了一陣子，但是氣氛不太對勁。有個職員嘟著嘴把幾個信封交給了他，原來是幾名員工遞出的辭呈，但是一共有六封。另外有三名職員出人意料地一同表達辭意。

K社長一一確認信封上的人名之後大吃一驚。六名中有兩名職員是公司不可或缺的核心人物。

被解雇的職員認爲自己受到社長的侮辱。電子郵件就像在傳達「我連看都不想看到你，所以趁我不在時，你趕快滾蛋吧！」的意思。其他三名職員則是認爲「單憑一封郵件就把人趕走的老闆，眞是毫無人性」，因此感到憤怒，決定一同辭職。

W小姐下定決心要和交往一個多月的男友分手，於是向朋友尋求建議。朋友對她說：

「妳要是眞的不喜歡他，也不用浪費時間特地約出來見面提分手。就寄伊媚兒給他就好。不過他的脾氣有點拗，所以妳要溫和一點，好好勸勸他比較好。語氣不要太強硬，知道嗎？」

W小姐怕傷到對方，於是小心翼翼寫了電子郵件，信中提及這段時間相處的愉快回憶，最後以溫柔的語氣透露分手的決定。

然而，隔天W小姐下班時看見這名男子就站在公司大廳，手裡還捧著一大束花。他一見到W小姐，便大步向她走近，遞出花束說道：

「眞的很感激妳的信，那我現在可以向妳求婚了吧？」

電子郵件與面對面的溝通不一樣，缺少表情和聲音，只憑文字來傳達意見。由於缺少聲音和表情等元素，因此無法明確表達寄件人的想法。人們本來就需要透過語言和臉部表情，甚至肢體動作和手勢來彼此溝通。

因此，全憑文字來表達意見的電子郵件，是一種非常容易引起誤會的溝通方式。在掩藏寄件人的情緒、只記錄事實加以傳達的情況下，可能會讓收件人不了解真正的意思，反而產生可笑的誤解，也有可能弄巧成拙，讓人以為含有敵意。

郵件內容太過簡短，會讓人感覺缺乏誠意，太冗長卻又可能產生誤會：「這個人是不是想要對我隱瞞什麼事，才會這麼大費周章長篇大論？還是想要向我推銷什麼東西？」就算內容連一百個字都不到，也會令人產生更多的聯想。

除此之外，我們每天收到過多的電子郵件也是問題之一。早上一進公司打開電腦，不管是從總經理、同仁或同學、線上購物網、同好社團、各式各樣的網站寄出的信件，甚至是垃圾信件、詐欺郵件、病毒信件等等，總是塞滿收件匣。爲了找尋其中眞的非讀不可的信件，還得費一番工夫刪掉無用的雜信。

這些爲數眾多的電子郵件最後使得我們分散注意力。氾濫成災的訊息令人精疲力竭，久而久之，便養成草草瀏覽、輕率臆測的習慣。收到W小姐郵件的男子，就是這樣的例子。

對我們來說，電子郵件是使用上最簡便的溝通方式。但是愈方便，也愈容易讓人陷入難處。

因此，當你寫完郵件之後，在按下傳送鍵之前，最好養成一種習慣，就是再次進行確認。仔細檢視字裡行間的用字遣詞是否有不當之處，避免讓對方產生誤會。如果因爲一句思慮不周的話，使收信人產生不愉快的情緒，那麼對出於善意的寄件人來說，反而徒生鬱悶之心。

短短的一句話，卻潛藏著掩蓋本意的危險，這就是電子郵件溝通方式的盲點。有幾家電子郵件服務業者基於此原因，在設計網站時加入再次確認的程序。當用戶按下傳送鍵時，就會出現「您確定要傳送嗎？」的訊息。

此外，收信人收到郵件之後，若一直保留而不加以刪除，累積久了，難免可能成爲引發紛亂的導火線。

如果非得傳達負面消息不可，與其寫電子郵件，不如用電話告知更好。一通電話比起郵件更具有親切感。由於電話是立即和對方產生互動，因此可以彼此傳遞細膩的情緒。不僅如此，藉由辨識聲音和語調，能夠隨時掌握對方的反應，減少誤會。不同於電子郵件，電話溝通的方式能夠根據對方的反應，在過程中轉換話題，降低傷害對方的機率，更能提高說服力。不但表達誠意，也能夠獲得對方的諒解。

愈是負面的消息，就愈要提起勇氣拿起話筒傳達。用電話傳遞真心是最快速的方式。

就算礙於公司規定，不得已必須用電子郵件告知時，也要先打個電話，說明事情的原委，才能避免讓對方的心情受到傷害。最好的溝通方法是透過實際的對話，充分掌握情況之後，再利用電子郵件作爲補充說明。

雖然電子郵件和電話兩者都是隨手可得的溝通方法，卻存在著人們無意之中容易忽視的微妙差異。

32

讚美不在場的人

一句好聽的讚美，可以讓人存活兩個月。

——馬克・吐溫

小說家

「唉喲！我的天啊！妳怎麼變得這麼漂亮？」

「姊姊妳才是呢，身材變得眞苗條！看起來簡直比我年輕好幾歲！」

女性與久違的朋友見面時，通常會以這些話題作爲開場白。當然大韓民國的女性不可能全都眞的變漂亮。「變得漂亮」之所以成爲最常出現的開場白，原因在於這是對待對方的禮儀，也是處世之道。

希望獲得讚美，是每個人與生俱來的需求欲望。

心理學家馬斯洛將人類的需求分爲五個層次。

第一層次是生理層面的需求，以及食欲等維持生存的基本需求。第二層次爲安全需求，希望身體和精神方面獲得保護。第三層次爲情感與歸屬感的需求，需要與他人建立互動關係，並隸屬於某一群體。而第四層次爲自尊需求，希望獲得他人的認同和尊敬。最後的第五層次爲自我實現需求，希望發揮個人的能力，追求成長，實踐自我存在的價值。

讚美能夠滿足對方的自我實現需求，對人際關係來說，是不可或缺的必備方法。從表面上看來，讚美是爲了滿足對方，實際上也是爲了自己，以便與對方維持良好關係。因此許多人才會刻意積極地稱讚他人。

「讚美未達到稱讚水準的人，就如同加害對方一樣。虛偽的稱讚是危險的行為，反而會損害彼此之間的信任。」這是馬斯洛爲此所提出的見解。

對於經常性的讚美，一般人不會有特別的感動，只認爲不過是表面功夫。從有利害關係的人獲得的稱讚也是一樣。我們甚至還會對某些人的稱讚感到懷疑，認爲別有居心。

那麼，要如何才能傳達眞心誠意的讚美呢？同時，面對其他競爭者排山倒海而來的讚美聲浪，如何才能讓自己的讚美顯得與眾不同呢？

據說拿破崙非常討厭讚美。曾經有這麼一則軼事，逗笑了拿破崙。

某天，有一名屬下對拿破崙說道：

「我十分尊敬閣下。您討厭讚美的品性，使我萬分景仰。」

心理學家琳達（Linda Aronson）與阿倫森（Elliot Aronson）曾經

進行某個簡單的實驗，安排一群人針對特定對象進行談論，並將這些特定對象安置在隔壁房間聆聽。

他們設計四種方式讓人們進行談論。第一種是從頭至尾不斷加以讚美。第二種是只說壞話，第三種是先加以批評責罵，最後再說讚美的話，第四種是先加以讚美，最後再以批評責罵作結。

在隔壁房間聆聽的人，對哪一種談論內容最感到滿意呢？果眞是第一種只說讚美的話嗎？

結果揭曉，大部分的人都選擇第三種方式。雖然一開始聽到的是責罵自己的話，但最後以讚美稱許作結，是最令人滿意的方式。而最令人感到不高興的則是「先加以讚美，再給予批評責罵」。

心理學家認爲，人對於第三種方式最能產生好感的原因，在於「戲劇性的逆轉效果」。起初人們因爲他人對自身的批評和責罵，感受到壓力和憤怒，但是隨後的讚美會一下子沖淡負面情緒，達到感情淨化、精神宣洩的效果。

因此讚美的高手經常運用這樣的話術。

「你為人真是太耿直了，這樣下去搞不好會被人耍。但也就是因為你的個性這麼固執，前輩才這麼欣賞你。你凡事適當處理、不輕易妥協，剛正堅定地行事，所以不管任何事情，都可以放心交給你負責。」

讚美高手是無論成果再小都不吝惜給予讚美，而對於擅長之處則簡短明確地加以稱讚，也不會在字句中無謂地擺出一副高傲的態度。擺架子來讚美別人，反而會引起反感。因此絕對要避免。

讚美高手無論何時何地都不會忘記給予他人讚美。午餐時間在電梯裡巧遇熟人，也會即時說道：「朴課長，上個月你提的企畫案真是很了不起，真不愧是我們公司最頂尖的創意人。」讓對方對突如其來的讚美感到驚喜，也會產生「原來上司一直在留心觀察我」的想法。

除此之外，也要懂得稱讚對方周遭的人。最具代表性的方式就是讚美對方隸屬的團體或配偶。

「最近一片不景氣，聽說K公司還能一路維持銷售佳績，真是厲害，讓我深感敬佩。」

「這是尊夫人幫您選的領帶？尊夫人眞是有品味，眼光獨到啊。」

除了讚美對方本身之外，連身邊的人也一起讚美，可以帶來一石二鳥的成效。

讚美高手異於一般人的決定性差別，在於「讚美不在場的人」。眞正的高手經過幾番實驗之後，發覺事實上「稱讚第三者」是最高明的讚美方法。反之，許多人則是忙著對不在場的人加以批評、說閒話。

無論是稱讚第三者或說閒話，最後都會經由各種途徑，全部傳到當事人的耳裡，也因此會產生截然不同的結果。

透過第三者得來的讚美之所以最高明，原因在於讚美本身的特點。從親近的人口中所得到的讚美，令人喜悅的程度本來就比不上關係遠的人所給予的稱讚。再加上若傳達讚美的第三者是與自己不熟的人，更會加倍感到滿足喜悅。

透過第三者所聽到的讚美，聽起來像是具有客觀性的事實，因此信任度也會大大提高。加上自己的價值竟廣泛流傳於外，更會讓人深感滿足。每個人都有自尊需求，希望能對自己引以爲傲，但又難免覺得難爲情，怕被人認爲自己是喜歡假裝了不起的人，所以總是將自我克制視爲一種美德。然而，透過第三者轉述得到的讚美，一舉滿足了希望獲得認同和自尊的兩種需求，也就達到馬斯洛的需求層級理論中的最後一個階段，即自我實現的需求。

下次聚會時，不妨留意聽聽別人的談話。以前曾聽過的相同內容，會開始變得有些不同。有些人會對於不在場的人一一列舉缺點，滔滔不絕地加以批評；相反地，有些人則是在一旁靜靜坐著，只給予別人讚美的話。

33

向自己道謝

我空出時間給自己，以至誠的愛與尊敬對待自己。
因爲我喜歡我自己。

——琥碧．戈柏（Whoopi Goldberg）
電影演員

「老公你先回家吧，我找個地方逛一下，買個菜再回去。」

聽到太太的話，先生一邊觀察神情一邊問道：

「不用我幫忙嗎？妳看起來很疲憊。」

太太每次走出婆家大門，總有這種感覺。就像一股沖頂的熱氣被澆熄直陷落腳底，緊接著襲來一股寒氣。每當走進婆家時，她都下定決心「就僅此一次……」但這股決心總在一瞬間傾圮倒塌。

太太勉強擠出微笑回答：

「嗯，不用了，你回去休息吧。」

目送先生的背影之後，她轉身向前走。過了好一會兒，終於抵達「那個地方」，是一家咖啡專賣店。手中接過注滿咖啡的偌大陶瓷咖啡杯，她靠向角落坐下。一邊啜飲著溫熱咖啡的同時，一邊陷入回憶之中。

她的心願是希望假日能夠盡情睡到自然醒，不過今天果然還是「一如往常」。

「昨天我是加班到幾點才回到家的？」

碰上連續假期的前夕，再加上正好是月底的結算日，她上週一連好幾天投入忙碌不堪的工作。今天早上她躺在床上，手指頭連動都不想動一下，感冒症狀讓全身的關節沒有一處不感到痠疼。

「唉呀！時間已經這麼晚了！老婆，快點起床！爸媽在等著我們呢。」

先生突然大喊一聲，倏然從床上躍起。

太太緊緊閉著雙眼，心想眞寧願自己是金字塔裡一具硬邦邦的木乃伊。

她用雙手捧著偌大的杯子，喝了一口咖啡。自從結婚之後，她一度有個無法解開的疑問。

「爲什麼偏偏只有我過得這麼辛苦？」

胸口好像快爆炸一樣，鬱悶至極。自己是哪一點不如人……

就在那段心力交瘁的時期，她發現了這個地方。

離開婆家之後，沉悶鬱結的心情讓她的腳步使不上力，在徬徨不定之中拖著腳步前行，最後像是被磁鐵吸入一般走進這個地方。從此之後，每當感到辛苦難熬時，她就會來到這家咖啡館，另闢屬於自己的時光。

她又啜飲了一口咖啡，說出一段終日期盼的話：

「妳做得很好。今天又成功堅忍度過了一天，謝謝妳。」

她面帶微笑對自己說著。冷冰冰的頑固心情，似乎不知不覺地融化了。如同咖啡一般溫熱的心，餘溫瞬間流通注滿血管之中，於是心情變得輕鬆愉快。

「眞的很感謝妳。」

「謝謝」是自己抱持謙虛、高舉對方，讓彼此一同提升地位的一句話。不論是誰，只要獲得肯定就會感到快樂，因爲人都希望能充分感受到自己的存在價値。

然而我們有時會陷入一種錯覺。認爲自己雖然有權力從別人口中聽到「謝謝」這句話，卻自認沒有資格向自己道謝。即使對於自己擅長的事，也會刻意忽略壓抑，絕對不會向自己表達感謝。

「不可以光憑這點程度就自我滿足！還差遠了呢！」

如果成果不符合對自我的期許，我們就會自責不已，將自己推向孤單的角落。

我們最吝嗇小氣對待的對象，不是別人，正是自己。因此最讓我們傷心的人，也就是我們自己。

我們以寬厚態度對待別人，並時時做好感謝的準備。對別人給予的細微關懷道謝，也不吝給予讚美。但我們並不是以同等待遇來對待自己。不論面臨什麼情況，我們都不願意寬待自己，即使一個微不足道的小原因也不肯放過。「別人都這麼優秀，你怎麼才這麼一點本事？」只會這樣一股腦地自我威嚇逼迫。

我們之所以對自己嚴苛吝嗇，原因其實正好與表面的言行相反。是希望自己優於他人的欲望到達了極點，才會因爲自己未能超越別人而感到焦躁不安，最後採取輕視自己的態度，不願自我肯定，陷入自我分裂的情況當中。

據說夏威夷人有一種傳統療法，可以治療內心的痛苦。每當感到艱苦困難時，他們就會大聲呼喊：

「謝謝你。」

「我愛你。」

「對不起。」

「請原諒我。」

這種方法稱爲「荷歐波諾波諾」（Ho'oponopono）。荷歐波諾波諾的意思是「加以導正」。在夏威夷語中，荷歐（ho'o）代表「原因」，波諾波諾（ponopono）是「完美」的意思。

以前的夏威夷人每當受到痛苦回憶的折磨，思緒無法純淨時，便相信這是被錯誤纏身。他們爲了導正失衡，聲嘶力竭地呼喊「謝謝你」，認爲這樣就能夠將錯誤的能量釋放出來。

這句話並不是對給予自己關懷幫助的人，或因爲自己而受害的人所說的話，夏威夷人是對著自己吶喊，深信這樣才能再次找回心靈的平衡。

樸實簡單的「荷歐波諾波諾療法」，目前受到二十一世紀現代人的矚目。愈來愈多的人每當感到身心俱疲時，就向自己傳達一句「謝謝你」的話，藉此獲得心靈的平靜。

某位男子寄出電子郵件之後關上電腦，接著從座椅起身，大大伸了個懶腰。他傳了封簡訊給正在國外出差的上司。

「資料我已經修正好寄給您了，煩請確認。」

抵達家門，他瞄了一下時鐘，已過了午夜時分。他打開孩子的房門，太太應該是邊教著孩子英文，最後一起進入夢鄉了。他為他們蓋上了棉被。將精神全神貫注在孩子教育上的太太，深怕孩子落後別人，無時無刻不費盡心思，把人生唯一的樂趣全部投注在「孩子有出息」的任務上，可說是最典型的媽媽代表。他感到憐惜又愧疚，內心一陣酸楚。

他打開了冰箱，取出一罐啤酒，站在陽台前面拉開了拉環。他看見對面一棟住商大樓的頂端掛著圓月，看起來似乎搖搖欲墜。住商大樓內部層層都是燈火通明。那些爲了眼前的競爭而苦心準備的人們，此刻對他們來說正是緊要關頭。不論是明天還是後天，都非贏不可。

他啜飲著啤酒。冰涼的液體順著咽喉滑下，感覺全身的細胞都被喚醒了。這時圓月從住商大樓的掌心脫逃出來，隱身沒入淺淡的雲際中。世界顯得冷清孤寂。

他像是被催眠一樣，直直盯著月亮在雲層之間移動。人生也是這樣地不斷流逝。進入公司不過是不久前的事情，轉眼間已時光飛逝。

他一直深信要走的路還很長遠。然而，不過就在雙眼開闔的瞬間，他發覺自己像三明治一樣，處在進退兩難的困境中。生存下來的上司爲了保住自身的地位，盡其所能地運用百分之百的權力去箝制他。手下具有實力的後輩也紛紛獲得提拔，不斷向前挺進。

「我還能撐多久？啊……那是多久以前呢？我最後一次被鼓勵是什麼時候的事了……？」

仔細想想，自己曾經向任何人訴說辛勞嗎？回憶在此時隱隱約約地竄動著。所謂的男人，原本就該如此，不是嗎？就算沒有任何人了解自己，日子還是要繼續過下去。

就在心情即將陷入鬱結孤寂之際，某個念頭伸手緊緊抓住了他。這是一個平時根本難以覺察的細微想法。

他大口嚥下啤酒想著：

「其實我現在能夠直挺挺地站在這裡，眞是一件値得感謝的事啊。」

他不知不覺地用力點了點頭。在這個風雨飄搖、危險重重的世界，只要踏偏了一小步，就可能會墜入危聳的絕壁之中。

自己是處在這樣的環境中，勇敢地一步步謹愼前行，才有今天的成果。

他發現了「小小一步」這個極爲細小的差異之處。

他向著月亮高舉起啤酒罐，對自己說道：

「謝謝你成功忍受了一切艱難，未來也繼續加油吧！」

Eurasian Publishing Group
圓神出版事業機構
用心與你對話・視野無限寬廣
先覺出版社
Prophet Press

www.booklife.com.tw
reader@mail.eurasian.com.tw

商戰 208

富人不說，卻默默在做的33件事【暢銷經典版】

作　　者／延埈赫
譯　　者／蕭素菁・張亞薇
發 行 人／簡志忠
出 版 者／先覺出版股份有限公司
地　　址／臺北市南京東路四段50號6樓之1
電　　話／（02）2579-6600・2579-8800・2570-3939
傳　　真／（02）2579-0338・2577-3220・2570-3636
總 編 輯／陳秋月
資深主編／李宛蓁
責任編輯／林淑鈴
校　　對／朱玉立・林淑鈴・王妙玉
美術編輯／簡瑄
行銷企畫／黃惟儂・陳禹伶
印務統籌／劉鳳剛・高榮祥
監　　印／高榮祥
排　　版／杜易蓉
經 銷 商／叩應股份有限公司
郵撥帳號／18707239
法律顧問／圓神出版事業機構法律顧問蕭雄淋律師
印　　刷／祥峰印刷廠
2011年2月　初版54刷
2023年9月　二版5刷

定價 340 元　　ISBN 978-986-134-376-1

這是一個關於金融菁英的故事，他們的智力出眾，對於金融體系底層結構的理解超越了社會大眾，所以能從一般投資人手上淘出數十億美元，而執法人員只能袖手旁觀。這個故事也說明了整個產業自動化，由機器人取代人類之後，人工還有多少價值。最重要的是，這個故事還要告訴你：有一個人不願意接受一手爛牌，決定要奮戰到底，即使親赴地獄也在所不惜。

——連恩・范恩，《閃電崩盤》

國家圖書館出版品預行編目資料

富人不說，卻默默在做的33件事【暢銷經典版】／延埈赫 著；蕭素菁、張亞薇 譯. -- 二版. -- 臺北市：先覺，2022.02

288面；14.8×20.8公分 --（商戰系列；208）

譯自：소한 차이

ISBN 978-986-134-376-1（平裝）

1. 成功法 2. 生活指導

177.2 110002195